DEDICATORIA

Dedicado especialmente para "**TI Amigo y Amiga**" lector...

Que tu libro "*Posicionando Tú Marca Personal - Como Consolidar y Posicionar Tú PERSONAL BRANDING en un Mercado Competitivo a través del "Love Brand" © ®"*. Te aporten las herramientas que requieres para comenzar a *Crear*, *Construir*, *Posicionar* y *Consolidar* tú **IMAGEN DE MARCA PERSONAL** a través del "**Love Brand**". Y que junto con los principios del éxito recopilados en este libro comiences tu *proceso de crear, labrar* y **CONSTRUIR TÚ PROPIO PERSONAL BRANDING.**

Y ésta; es mi intención, para TI...

Tu Gran Amigo *Ylich Tarazona*

Como Consolidar y Posicionar Tú PERSONAL BRANDING en un Mercado Competitivo a través del "Love Brand"
Escrito por el **Máster Coach: YLICH TARAZONA**

POSICIONANDO TÚ MARCA PERSONAL
Escrito por el **Máster Coach: YLICH TARAZONA**
SERIE: **Principios Básicos para Triunfar** y **Leyes Preliminares del Éxito** - Volumen **5** de **7**

Posicionando Tú Marca Personal
Como Consolidar y Posicionar Tú PERSONAL BRANDING en un Mercado Competitivo a través del "Love Brand"

Maravilloso Libro de **AUTOAYUDA** y **EMPRENDIMIENTO PERSONAL** que te ayudará a POSICIONANDO TÚ MARCA PERSONAL en un fantástico viaje de **Re-Descubrimiento Profesional**, que te permitirá DESTACAR, CONSOLIDAR y POSICIONAR Tú PERSONAL BRANDING en un Mercado Competitivo **a través del "Love Brand"** y **desarrollar el máximo de tu potencial humano al siguiente nivel, inspirándote a Vivir una Vida Extraordinaria Centrada en Principios.**

En este **LIBRO** en su **EDICIÓN ESPECIAL** aprenderás a:

- Programar tú mente consciente y subconsciente para el *éxito profesional* y *la autorrealización personal*.
- Permitir una óptima configuración de creencias, y potencializar tú capacidad de *crear* y *construir* **TÚ IMAGEN DE MARCA PERSONAL** a través de *estrategias tanto presenciales* **OFFLINE** como *virtuales* **ONLINE**
- Promover la flexibilidad del pensamiento táctico - estratégico y la comprensión de los procesos mentales y psicológicos para *posicionar* tú "**MARCA PERSONAL**" en tu circulo de influencia a través del "**Love Brand**".
- Contar con un **PLAN DE ACCIÓN** y un proyecto de vida claro y bien definido que te permita **CONSOLIDAR TÚ PERSONAL BRANDING**.
- Re-Descubrir tú misión y propósito de vida y comprender las razones por las que es importante *posicionar* tú **PROPIA MARCA PERSONAL**.
- Conocer y dominar los principios básicos de la **REINGENIERÍA CEREBRAL** y la **PROGRAMACIÓN MENTAL** que te permitan tomar acción, hacer que las cosas sucedan, y comenzar a vivir una vida extraordinaria centrada en principios que te inspire a **POSICIONAR TÚ IMAGEN DE MARCA PERSONAL** por medio del "**Love Brand**".

3ª Edición Revisada, *Actualizada y Extendida*
(Incluye Ejercicios y Plan de Acción)

Coach Transformacional

Ylich Tarazona

Escritor y Conferenciante Internacional

Como Consolidar y Posicionar Tú PERSONAL BRANDING en un Mercado Competitivo a través del "Love Brand"
Escrito por el **Máster Coach: YLICH TARAZONA**

*3ª Edición Especial Revisada y Actualizada por: **Ylich Tarazona** noviembre 2017.
Diseño y Elaboración de Portada por: **Ylich Tarazona***

ISBN-13: 978-1979852111 *(CreateSpace-Assigned)*
ISBN-10: 1979852111 *(CreateSpace-Assigned)*
SELLO: Independently Published ©

BISAC: Marca Personal / Personal Branding / Love Brand / Emprendimiento
El derecho de **YLICH TARAZONA** a ser identificado como el **AUTOR** de este trabajo ha sido afirmado por *SafeCreative.org, Código de Registro:* **1711184869510**, de conformidad con los <u>*Derechos de Autor en Todo el Mundo*</u>. *Fecha*: 17 de noviembre 2017.

DERECHO DE AUTOR Y COPYRIGHT

Éste **libro** en su **EDICIÓN ESPECIAL** denominado *"Posicionando Tú Marca Personal - Como Consolidar y Posicionar Tú PERSONAL BRANDING en un Mercado Competitivo a través del "Love Brand" © ®"*. Aplicado a estrategias de - **Autoayuda, Motivación, Rediseño Personal, Emprendimiento, Marca Personal** o **Personal Branding, "Love Brand"** y **Neuro - Coaching** para el establecimiento de metas y logros de objetivos a través de la **"PROGRAMACIÓN NEUROLINGÜÍSTICA APLICADA"** *Es propiedad intelectual de* **YLICH TARAZONA © & Reingeniería Mental Con PNL ®.**

SÍGUENOS A TRAVÉS DE NUESTRA WEBSITE OFICIAL
http://www.reingenieriamentalconpnl.com

AVISO LEGAL: Copyright © noviembre 2017 por **YLICH TARAZONA ® & REINGENIERÍA MENTAL CON PNL ®**. Todos los derechos reservados en todo el Mundo ©. *Ninguna parte de este* **LIBRO de MARCA PERSONAL** *podrá ser almacenada en sistemas de recuperación de datos, ni podrá ser reproducida o modificada de modo parcial o completa, de igual forma tampoco puede ser reducida, ampliada o transmitida de cualquier manera o por cualquier otro formato o medio, bien sea electrónico, copia digital, virtual, impresión mecánica o manual. Incluidas fotocopias, escaneos, grabaciones, reproducciones y distribución vía online, oral o escrita, o por cualquier otro sistema de almacenamiento de información, comunicación pública o privada y software de recuperación de datos, para uso comercial o fines de lucro* **Sin Previo Aviso** *o* **Permiso Por Escrito Al Editor, Al Autor, y a Su Representante Legal**. *Aquellos que incumplan estas normas serán severamente sancionados según las leyes de derecho de autor y copyright.*

El derecho de **YLICH TARAZONA** a ser identificado como el **AUTOR** de este trabajo ha sido afirmado por *SafeCreative.org, Código de Registro:* **1711184869510**, de conformidad con los Derechos de Autor en todo el mundo. *Fecha: 17 de Nov de 2017.*

NOTAS DEL EDITOR: Está totalmente prohibido usar nuestros productos para uso comercial o fines de lucro, salvo para los efectos de su propio desarrollo personal y profesional, por lo que entendemos que: *Usted puede usar este producto como referencia para realizar sus propias* **sesiones de terapias** *y en la realización de* **las técnicas para uso personal** *siempre y cuando este de conformidad con la realización lícita y legal de prácticas aceptables, así como éticas.*

Asistencia Legal:
ABOGADA: Mariam Charytin Murillo Velazco
C.I: V-17.502.580, - INPREABOGADO: Nº 158.611

Como Consolidar y Posicionar Tú PERSONAL BRANDING en un Mercado Competitivo a través del "Love Brand"

Escrito por el **Máster Coach: YLICH TARAZONA**

REINGENIERÍA MENTAL CON PNL es una **Comunidad Virtual para Emprendedores**. Uno de los **Website de Internet** dedicado a brindar **COACHING** en la **CONSOLIDACIÓN de Competencias** y el **Desarrollo del Máximo Potencial Humano**. *Especialistas* en el *Entrenamiento, Formación y Adiestramiento* de alto nivel a través de la **PNL** o **Programación Neurolingüística**, especializados en el suministro de productos de formación y cursos para *Alcanzar Metas, Concretar Objetivos* y *Consolidar Resultados Eficaces de Óptimo Desempeño*; a través de una serie de **Libros, EBook's, Audios, Podcasters, Tele-Seminarios Online, Talleres Audio-Visuales, Webminars** y **Conferencias Magistrales de Carácter Presencial**.

No se puede pretender estar asociado con **YLICH TARAZONA** & **REINGENIERÍA MENTAL CON PNL** en cualquier forma o utilizar nuestro nombre en conexión con su propia práctica personal o profesional, a menos que esté debidamente capacitado, y con certificación valida que avale que formalmente se ha capacitado, formado o adiestrado apropiadamente con nosotros.

3ª Edición Especial Revisada y Actualizada por: *Ylich Tarazona* noviembre 2017.
Diseño y Elaboración de Portada por: *Ylich Tarazona*

ISBN-13: 978-1979852111 *(CreateSpace-Assigned)*
ISBN-10: 1979852111 *(CreateSpace-Assigned)*
SELLO: Independently Published ©

BISAC: Marca Personal / Personal Branding / Love Brand / Emprendimiento
Código de Registro: 1711184869510 / **LICENCIA:** Todos los Derechos Reservados © por **SafeCreative.org** / **Fecha Registro de Propiedad Intelectual:** 17-Nov-2017.

COLABORADORES:
Mariam Charytin Murillo Velazco
Ylich Leavitt Gabriel Smith Tarazona Peña
Jeffry Samuel Tarazona Peña
Génesis Zarahemla Odaylich Tarazona Maldonado

Si éste **libro** de **MARCA PERSONAL** en su **EDICIÓN ESPECIAL** le ha interesado y desea que lo mantengamos informado de nuestras próximas **publicaciones, ediciones, mini cursos, reportes especiales, video conferencias, webminars, seminarios online y offline, audiolibros, podcasters** o nuestros **servicios online y offline** como **sesiones, coaching, terapias, eventos corporativos, cursos, talleres, seminarios, conferencias presenciales** entre otras **actividades** o materiales didácticos **DISEÑADOS** y **CREADOS POR EL AUTOR** & **REINGENIERÍA MENTAL CON PNL**; escríbanos, indicándonos cuáles son los temas de su interés y gustosamente le mantendremos actualizado.

También puede contactarse directamente con el **AUTOR** vía e-mail por:
MásterCoach.YlichTarazona@gmail.com

INTRODUCCIÓN
Información Relevante de la Presente Edición.

Hola que tal, mis apreciados lectores. *Antes que todo, gracias por adquirir este extraordinario* **Libro de Marca Personal**, *que escribí pensando en ti.*

Antes de comenzar, quiero comunicarte de algunos cambios esenciales que he realizado en ésta **3ª Edición Especial**. Si posees algunas de mis versiones anteriores; comprobaras que he llevado a cabo algunas revisiones y actualizaciones importantes en las últimas ediciones, ya que me parecieron necesarias para lograr cumplir el propósito por el cual escribí este **LIBRO** para ti. *Entre los cambios que he realizado, he incorporado una serie de ejemplos y ejercicios prácticos relacionados con la lección de algunos de los capítulos más relevantes.* **En los pocos casos en los que edite el texto o cambie parte del contenido, han sido para adaptarlas mejor a los ejemplos y ejercicios incorporados recientemente en la presente obra.**

Estas modificaciones son casi imperceptibles en la mayoría de los casos, ya que ante todo he querido respetar el **manuscrito original** y la **idea principal** del presente **LIBRO** con sus defectos y virtudes. *Por lo que en las pocas ocasiones en las que he incorporado ciertas ideas, he agregado algún punto adicional o he añadido algunos elementos de interés para mis lectores y aprendices, es porque me ha parecido conveniente o necesario, y de vital importancia para la* ***correcta aplicación de los principios de** "Reinvención Personal, BioProgramación Mental, Reingeniería Cerebral de los Procesos Humanos, Emprendimiento, Marca Personal o Personal Branding y Love Brand" Contenida En Esta **Edición Especial***.

Si has tenido la oportunidad de leer algunos de mis otros libros impresos o digitales, has podido apreciar que tanto el estilo literario de mis escritos; así como el estilo característico tipográfico que utilizo al momento de plasmar mis ideas, pretenden un único propósito. ***Ayudarte a desarrollar el máximo de tu potencial humano al siguiente nivel, y permitirte comprender mejor los conceptos, definiciones y plan de acción que comparto con todos ustedes, con el fin de ayudarlos a interiorizar estos principios vitales y esenciales a su propia vida***.

Para lograr este objetivo; al final de algunos capítulos claves, comparto una gama de ejercicios que te permitan poner en práctica la esencia de lo que acabas de estudiar. *De igual manera, también les ofrezco una serie de recapitulaciones o principios básicos para reflexionar que te ayudarán a reforzar lo que has aprendido.*

De esta manera, campeones y campeonas, al finalizar el **libro** ustedes podrán contar con estrategias reales, técnicas, herramientas y metodologías efectivas que han sido estudiadas y verificadas a través de los años por los más grandes expertos en la materia. *De igual forma, estos principios han sido puestos en práctica y puestos en acción una y otra vez por el mismo* **AUTOR**, *tanto a nivel personal, como en sus* **secciones de coaching** *y* **conferencias magistrales** *tanto virtuales como* presenciales, con cientos y miles de personas que han aplicado dichos principios eficazmente a su propia vida.

Dichos procedimientos han sido incorporados sistemáticamente en este **LIBRO** a fin de garantizarte resultados óptimos por medio de **MODELOS efectivos de la PNL** o **PROGRAMACIÓN NEUROLINGÜÍSTICA APLICADA** y la **REINGENIERÍA CEREBRAL** que han sido comprobadas a través de los años por los expertos más reconocidos de la historia. *Evitando así, la utilización de conjeturas o simples teorías.*

> *Por tal razón, APRENDIZ y apreciados lectores, voy a darte algunos consejos: Conéctate con la esencia de éste libro,* **LEE ACTIVAMENTE,** *cada palabra, cada línea, cada párrafo, cada página, cada capítulo, cada idea, cada enseñanza, cada ejemplo, cada historia, cada ejercicio, cada principio que con amor comparto con todos ustedes, y verán cómo; poco a poco, paso a paso, línea a línea y precepto tras preceptos comenzarán a tener los excelentes resultados que requieren en todos y cada uno de los aspectos más importantes y esenciales de su vida.*

Este **LIBRO** mis apreciados lectores es una poderosa herramienta **teórica-práctica** para todos aquellos que desean aprender a **desarrollar el máximo de su potencial humano**. Claro está, éste libro no es el único medio para tu **Liberación Emocional**. Sin embargo, si sigues las direcciones paso a paso que doy en este libro, y tienes la adecuada actitud, así como la suficiente confianza, determinación y compromiso te aseguro podrás aplicar estos principios a tu propia vida personal.

> Es importante aclarar en este punto, que las **Leyes Universales del Éxito** que aprenderás en este **LIBRO** conllevan mucha responsabilidad. ***Ten siempre presente que la correcta aplicación de estos principios básicos para triunfar y estas leyes universales del éxito puede ser debidamente utilizada para entrar en armonía divina con la fuente universal. Que es la que finalmente nos permitirá generar esos grandes y extraordinarios cambios tanto mentales como emocionales en nuestro YO interno y en tu SER Interior.*** Con esta idea en mente, deseo que entiendas que este **libro** te proporciona los **principios básicos para triunfar** necesarios en conjunto con las **Leyes y Principios Universales** de tal manera que garantice tanto tu propio bienestar, como el de todas aquellas personas a tu alrededor. *El uso que le des, dependerá de tu elección, pero recuerda sea cual sea el propósito que deseas conseguir, siempre debe estar basado en las normas más elevadas de la ética y las buenas costumbres, edificada en los principios y los valores morales, con los estándares más altos.*

TE IMAGINAS todo lo que puedes lograr conseguir al aprender aplicar estas **leyes universales del éxito** en tu propia vida. **TE PUEDES IMAGINAR** cómo cambiaría tu existencia extraordinariamente para bien, al poder conquistar todos tus más anhelados sueños, metas y objetivos que te propongas alcanzar en esta vida, gracias a estos **principios básicos para triunfar. ¡AHORA ES POSIBLE!**

POSICIONANDO TÚ MARCA PERSONAL
Escrito por el **Máster Coach: YLICH TARAZONA**

ESTILO LITERARIO Y TIPOGRÁFICO DE MIS OBRAS

Las enseñanzas que contienen mis **LIBROS** y **CURSOS** en su gran mayoría, son una combinación estratégica mesclada con poderosas **METÁFORAS, PARÁBOLAS, ALEGORÍAS, EJEMPLOS, HISTORIAS, CITAS** y **FRASES CÉLEBRES** que he venido recopilando y compendiando en el transcurso de los años de diferentes fuentes; tales como, Libros y Obras de Diversos Autores *(a los cuales, les otorgó TODO el mérito y el reconocimiento que ellos merecen por sus valiosas aportaciones).*

El objetivo de extraer tan ***extraordinaria colección*** *de estos* ***grandes*** *y* ***RECONOCIDOS ESCRITORES*** *y* ***plasmarlas en mis obras*** *es; ayudarles a comprender mejor a mis lectores, la información que quiero transmitirles de manera subjetiva. De esta manera; a través del aprendizaje de representaciones simbólicas y figuradas, ustedes mis amigos y amigas puedan adquirir las ideas principales.*

Así; mis libros, por medio de sus ***citas, frases célebres, pensamientos, reflexiones relatos y narraciones ilustrativas*** *pueda llegar a ser una fuente de inspiración para ayudar a todos aquellos individuos que con integro propósito de corazón quieran cambiar y transformar sus vidas de manera continua y permanente.*

Otras de las **METODOLOGÍAS** tipográficas que empleo al redactar mis trabajos; es que utilizo diferentes estilos literarios, introduciendo una variedad de *signos de puntuación,* **negritas***, cursivas,* <u>subrayados</u>*, combinaciones de minúsculas y MAYÚSCULAS, entre otras repeticiones consientes de ideas y enseñanzas transmitidas varias veces; una y otra vez, pero en distintos contextos y situaciones, para grabarlas en su mente consciente y subconsciente.* Así como también en ocasiones "***cambio estratégicamente la forma de escribir y expresar mis ideas intencionalmente en primera, segunda y tercera persona***" mientras transmito la información, con el fin de hacer la lectura más didáctica, versátil y placentera para todos mis lectores.

Si esto llegase a parecer inadecuado o incorrecto en cierto momento para algunos de mis lectores, quiero anticiparles de antemano que no se trata en modo alguno de un descuido por mi parte, o desconocimiento de edición y transcripción de la obra. Al contrario, **TIENE UN CLARO OBJETIVO** *y persigue un fin concreto.* **CONFÍA EN MÍ. TIENE UN PROPÓSITO PARA TI***, sigue leyendo y comprenderás a lo que me refiero.*

En otro orden de idea; es importante destacar que también incorpore en el transcurso del libro una gran variedad de *frases célebres, citas inspiradas de las escrituras, versículos bíblicos, conceptos filosóficos, ejemplos, símiles, exposiciones, descripciones y lenguaje figurado* en el transcurso de toda la obra. *Ya que este tipo de expresiones, conceptos e ideas son capaces de estimular subjetivamente una gran variedad de* **SENSACIONES MULTI-SENSORIALES** *tanto a nivel* **(Visual, Auditiva y Kinestésica)** *que permiten evocar imágenes, sonidos, sensaciones y emociones, en la mente del lector.*

Como Consolidar y Posicionar Tú PERSONAL BRANDING en un
Mercado Competitivo a través del "Love Brand"
Escrito por el **Máster Coach: YLICH TARAZONA**

Siguiendo ese mismo orden de idea; también incluyo, en todos mis trabajos una serie de **Declaraciones Positivas, Autoafirmaciones Empoderadoras**, basadas en el **META-MODELOS estratégicos de la PNL** a través de una serie de **COMANDOS HIPNÓTICOS** y **PATRONES PERSUASIVOS** que permitan al lector incorporar dichas **SUGESTIONES** e **INDUCCIONES SUBLIMINALES** en su mente consiente y subconsciente, produciéndoles así cambios radicalmente positivos en su estructura mental y psicológica, **CREÁNDOLES nuevas conexiones neuronales más empoderadoras.**

> Y finalmente **APRENDIZ**, entre otro de los recursos que utilizo son las expresiones personales como **TÚ** y **TI**, para referirme directamente a mis lectores, *con la única intención de que puedan sentirse identificados con mis palabras, y tengan la plena certeza y convicción de que todos mis libros lo escribo pensando en ellos.*

En las **Versiones Audibles**, como son en los casos de los **Audio-Libros**, los **Podcasters**, los **Webminars**, los **Tele-Seminarios** y las **Conferencias Online** utilizo fondo musical instrumental junto a sonidos de la naturaleza, y en ciertas ocasiones ondas biaurales en diferentes frecuencias. A fin de **inducir ciertos estados positivos en el cerebro**. Entre los muchos beneficios que ofrecen estas poderosas herramientas, es que propician **el aprendizaje acelerado, la reflexión consciente, la adecuada asimilación de las ideas, la agilidad mental, la estimulación de la creatividad, la relajación, la concentración** y **la meditación** entre otras muchas ventajas. *Como se han demostrado en los numerosos estudios realizados sobre el tema. Entre ellos la tesis doctoral de* <u>Pedro Miguel González Velasco Doctor en Neurociencia de la UNIVERSIDAD COMPLUTENSE DE MADRID FACULTAD DE PSICOLOGÍA,</u> *las cuales nos reportan los excelentes y maravillosos efectos positivos de estos sonidos, tanto a nivel psicológico como fisiológicos.*

> El **PROPÓSITO** de introducir esta **GAMA DE ESTILOS LITERARIOS, TIPOGRÁFICOS; METÁFORICOS** y **BIAURALES** *(Este último, solo en los casos Audible)*, fusionado con un variado conjunto de **Técnicas de la PNL** o **Programación Neurolingüística Aplicada**, principios de **Reingeniería Cerebral, Neuro-Coaching AutoHipnosis** entre otras herramientas. *Es para permitirles a mis lectores recibir una Enseñanza Transformacional más útil, holística e integral, que les permita* **ADOPTAR NUEVAS IDEAS**, *evitando así, la menor resistencia al cambio, y* **CREANDO un mayor impacto psíquico - emocional** *en el proceso de* **retención - aprendizaje**.

******IMPORTANTE******

Este **LIBRO** en su **EDICIÓN ESPECIAL** es una transcripción adaptada del **Podcasters, Webminars, Tele-Seminario, CURSO ONLINE** y **Conferencia Presencial** del **Coach Ylich Tarazona** titulada *"***Posicionando Tú Marca Personal** - *Como Consolidar y Posicionar Tú* **PERSONAL BRANDING** *en un Mercado Competitivo a través del "Love Brand"* © ®*". Por tal razón; este libro, refleja un estilo único y original de transcripción. Ya que es una obra adaptación de un* **Audio Curso** *y* **Video Conferencia;** *más que de una obra literaria, escrita como tal.*

TABLA DE CONTENIDO

DERECHO DE AUTOR y COPYRIGHT .... - 3 -
DEDICATORIA .... - 5 -
INTRODUCCIÓN .... - 7 -
    Información Relevante de la Presente Edición. .... - 7 -
ESTILO LITERARIO Y TIPOGRÁFICO DE MIS OBRAS .... - 9 -
    ******IMPORTANTE****** .... - 10 -
TABLA DE CONTENIDO .... - 11 -
CAPITULO I PERSONAL BRANDING O MARCA PERSONAL .... - 13 -
    PRIMERA PARTE: INTRODUCCIÓN AL PERSONAL BRANDING .... - 13 -
    SEGUNDA PARTE: ¿POR QUÉ DEBES CREAR, POSICIONAR Y CONSOLIDAR TU MARCA PERSONAL O PERSONAL BRANDING? .... - 15 -
    TERCERA PARTE: QUÉ IMPORTANCIA TIENE LA MARCA PERSONAL .... - 17 -
    CUARTA PARTE: PERSONAL BRANDING o MARCA PERSONAL ONLINE .... - 19 -
    ¿PORQUÉ POSICIONAR NUESTRO "PERSONAL BRANDING" o "MARCA PERSONAL" EN INTERNET? .... - 19 -
    POR QUÉ DAR A CONOCER TÚ MARCA PERSONAL POR INTERNET .... - 20 -
    QUINTA PARTE: TE DISTINGUES O TE EXTINGUES: TU IMAGEN DE MARCA PERSONAL SE TIENE QUE DIFERENCIAR DEL RESTO. .... - 23 -
    SEXTA PARTE: COMO CREAR Y CONSTRUIR TÚ IMAGEN DE MARCA PERSONAL O PERSONAL BRANDING .... - 25 -
    Consejos para Posicionar Tú Marca Personal de forma presencial con ESTRATEGIAS OFFLINE .... - 29 -
    Como crear una estrategia de "LOVE BRAND" .... - 33 -
    Elementos que debe poseer una buena estrategia de "LOVE BRAND" para el posicionamiento y consolidación de tu MARCA. .... - 34 -
CUADERNO DE EJERCICIOS .... - 35 -
    DETERMINE SU PLAN DE ACCIÓN, POSICIONANDO TÚ MARCA PERSONAL - 35 -
PALABRAS FINALES .... - 41 -
SOBRE EL AUTOR .... - 43 -
OTRAS PUBLICACIONES, EDICIONES ESPECIALES, MINI CURSOS, E-BOOK'S Y LIBROS CREADOS POR EL AUTOR .... - 47 -

Como Consolidar y Posicionar Tú PERSONAL BRANDING en un Mercado Competitivo a través del "Love Brand"
Escrito por el **Máster Coach: YLICH TARAZONA**

SÍGUENOS A TRAVÉS DE TODAS NUESTRAS REDES SOCIALES (SOCIAL MEDIA Y WEBSITE OFICIAL) .... - 55 -

Escrito por el **Máster Coach: YLICH TARAZONA**

CAPITULO I PERSONAL BRANDING O MARCA PERSONAL

PRIMERA PARTE: INTRODUCCIÓN AL PERSONAL BRANDING

Hola que tal, campeones y campeonas, un gran saludo. En esta oportunidad voy a compartir con todos ustedes sobre un tema que ha venido evolucionando a través de los años, y que actualmente ha tenido mucho auge en diferentes sectores. Considerado por algunos expertos como uno de los puntos más relevantes para el emprendimiento en el siglo XXI. El **PERSONAL BRANDING** o **MARCA PERSONAL** que es un concepto que ha venido fortaleciéndose en el tiempo, por el cual, consideramos a determinadas personas como una **MARCA ORIGINAL DISTINTIVA** tal cual, como consideraríamos a una *Marca Comercial Reconocida*. Y éste proceso, tiene como objetivo, **darnos a conocer de manera única, exclusiva e innovadora, que nos permita diferenciarnos del resto, transmitir nuestra esencia, y poder conseguir el mayor impacto posible** en nuestras relaciones tanto personales, sociales como profesionales.

> La perspectiva de **MARCA PERSONAL** se obtiene a través de la **percepción**, la **visión**, y la **idea** que los demás distinguen de nosotros. Es decir, el **PERSONAL BRANDING** se convierte en un activo inmaterial que incluye *nuestra IMAGEN, la apariencia externa que irradiamos, la impresión positiva que causamos, las cualidades que transmitimos y el magnetismo personal o INFLUENCIA que ejercemos* en otras personas; de la misma forma, como la proyectarían las grandes *Marcas Comerciales Reconocidas*.
>
> Por tal razón, **LA MARCA PERSONAL** tiene como *propósito fundamental* que la impresión que causemos en las personas sea **efectiva**, **eficaz** y **permanente en el tiempo**. *Es por ello, que el personal branding es una herramienta eficaz que nos permite aplicar los mismos* **conocimientos, procedimientos, táctica y estrategias** *utilizadas por las* **Marca Comerciales***, pero en este caso, a nosotros mismo.*

En la actualidad en que vivimos el concepto de **MARCA PERSONAL** o **PERSONAL BRANDING**, se hace cada vez más necesaria e indispensable para **marcar una diferencia** y **dejar una huella competitiva** en esta era globalizada. En la cual, solo aquellas **PERSONAS QUE DESTAQUEN** serán las que tengan mayores probabilidades de éxito. *Para consolidar la idea anterior, podemos agregar que* **la marca personal** *o* **personal branding** *es la manera que tenemos para* **Posicionarnos, Consolidarnos y darnos a conocer a nosotros mismo**. *Es decir, que esta debe convertirse en una extensión de quienes somos, dentro y fuera de nuestro círculo de influencia, bien sea en lo personal como en lo profesional.*

Como Consolidar y Posicionar Tú PERSONAL BRANDING en un Mercado Competitivo a través del "Love Brand"
Escrito por el **Máster Coach: YLICH TARAZONA**

Tú **MARCA PERSONAL** debe ser *identificada* por lo que tú **OFRECES** al mundo; bien sea a través de tus *competencias profesionales*, tus *habilidades comerciales*, las *destrezas personales que posees en diferentes áreas de tú vida* y los *talentos artísticos que te distinguen del resto de las demás personas*.

Tú **PERSONAL BRANDING** tiene que ser *reconocida* por el **VALOR AGREGADO** que *tú aportas a los demás*, por las **CAPACIDADES** que tú tienes y que *te permiten ayudar* y *servir a un grupo de determinadas personas* en una *necesidad específica* con esos **DONES** únicos que tú posees.

Tu **MARCA PERSONAL** va a ser la **HUELLA** que tú dejes **MARCADA** en todos los individuos que entren en contacto contigo diariamente. Aquellas personas que te conocen, que siguen tu trayectoria, que se encuentran dentro de tú *círculo de influencia social* posiblemente amigos, familiares, conocidos, futuros prospectos, clientes, socios, seguidores y *una infinita cadena de oportunidades ilimitadas que se abrirán como consecuencia de* **CREAR EN TORNO A TI, UNA IMAGEN, UN PRODUCTO, UN SERVICIO o UNA NECESIDAD QUE SOLO TÚ PUEDES PROVEER**. Para mí personalmente, ésta es una de las mejores definiciones que he encontrado para describirte de manera general, y a la vez sencilla lo que representa el **PERSONAL BRANDING**.

Para terminar ésta concepto, voy a compartir con ustedes la opinión que refuerza la idea principal que deseo enseñarte en este capítulo. **TOM PETERS** reconocido autor estadounidense en un artículo publicado en *"The Brand called you"* que apareció en la revista *"Fast Company"* en agosto del 1997 afirmaba que: *"La única manera de lograr diferenciarnos del resto en un mundo cada vez más competitivo es manejando nuestras carreras profesionales como las grandes empresas manejan las marcas de sus productos"*.

Recuerda PIENSA, SIENTE y ACTÚA como la persona que quieres llegar a SER, hasta que lo seas. "{(Ten presente que comenzamos MODELANDO una ACTITUD GANADORA y terminamos construyendo una PERSONALIDAD TRIUNFADORA)}". -. **YLICH TARAZONA.** -

"Creo firmemente que dentro del interior de cada uno de nosotros existe una semilla de grandeza, y reside una vasta reserva de potencialidades y competencias ilimitadas que habitualmente permanecen adormecidas; esperando ser descubiertas, desarrolladas y aprovechadas, para florecer hacia nuestro mundo exterior. Cuando cada uno de nosotros despierte ese potencial individual, redescubramos cual es nuestra misión y el propósito que le da sentido a nuestra vida, abriremos el camino a un nuevo despertar consciente a lo que yo llamo **REINVENCIÓN** y **REINGENIERÍA PERSONAL**" -. YLICH TARAZONA. -

SEGUNDA PARTE: ¿POR QUÉ DEBES CREAR, POSICIONAR Y CONSOLIDAR TU MARCA PERSONAL O PERSONAL BRANDING?

Una de las razones, campeones y campeonas por la que debemos *Crear, Posicionar y Consolidar Nuestra Imagen de Marca Personal o Personal Branding*, es porque estamos viviendo en la **Era del Individuo Digital**, la **Era de las personas globalizadas**, donde tú amiga y amigo mío eres lo más importante. Pero para lograr tal objetivo, **TIENES QUE DARTE A CONOCER COMO PERSONA Y COMO PROFESIONAL**, en otras palabras, **TIENES QUE CONVERTIR EN LA MEJOR VERSIÓN DE TI MISMO** que te permita posicionarte en tu nicho de mercado, en lo que te gusta y sabes hacer bien.

Es imposible **Crear, Posicionar y Consolidar Tu Imagen de Marca Personal o Personal Branding** siendo un experto a escondidas, o un desconocido en un mundo comercial tan competitivo. Debes dejar de ser un experto solo en tu casa, donde posiblemente es el único lugar donde saben que eres bueno en tal o cualquier tema, o bueno haciendo tal o cualquier cosa. Hoy en día para darte a conocer, debes atreverte a salir de tu zona de confort, que es el lugar donde posiblemente solo tus amigos, vecinos, compañeros, familiares y conocidos conocen tus competencias. Ellos ya lo saben, **AHORA HA LLEGADO EL MOMENTO EN EL QUE EL MUNDO ENTERO TAMBIÉN TIENE QUE SABERLO.**

No puedes seguir con tanto talento en la oscuridad. *Tienes que darte a conocer, eso significa que tienes que sacar a la luz aquello que te identifica y te hace ser único y especial*. Si no te das a conocer, te vas a quedar fuera del juego. Si alguna vez, te ha pasado por la cabeza que no tienes talento, estas completamente equivocado, ya que **todos tenemos en cierta medida dones, talentos, habilidades, virtudes, destrezas y competencias en las que nos destacamos en ciertas actividades específicas.** *Y la finalidad de este* **MINI CURSO** *y reporte en su* **EDICIÓN ESPECIAL** *es ayudarte a redescubrir y reconocer ese talento natural y darlo a conocer al mundo.*

Hace años se hablaba de la globalización de países, hoy día se está dando una globalización, pero de talentos y competencias, en donde aquellos que logran **Crear, Posicionar y Consolidar Su Imagen de Marca Personal o Personal Branding** son los que estarán a la vanguardia en los diferentes nichos de mercado.

Hoy se está compitiendo, ya no entre empresas, sino entre una gran diversidad de conocimientos, talentos y competencias, donde los futuros clientes y posibles prospectos se preguntan *¿Cómo tú los vas a ayudar? ¿Qué les ofreces diferente al resto de tu competencia? ¿Porque tienen que escogerte a ti antes que a otros?* Y esa, campeones y campeonas es la dinámica que se vive hoy día. Y aquellos que tienen las respuestas a esas interrogantes y aprende a **Crear, Posicionar y Consolidar Su Imagen de Marca Personal o Personal Branding** son los que tendrán mayores probabilidades de éxito en este mundo tan competitivo... Y este conocimiento que

Como Consolidar y Posicionar Tú PERSONAL BRANDING en un Mercado Competitivo a través del "Love Brand"
Escrito por el **Máster Coach: YLICH TARAZONA**

estas recibiendo es la **DIFERENCIA QUE MARCA LA DIFERENCIA**, y la que finalmente te permitirá darte a conocer al mundo de una vez por todas.

Tienes que comprender, que, gracias a la *era digital* y *la globalización de talentos*, está haciendo que de la noche a la mañana muchas de las empresas comiencen a perder su poder, *y ese poder está pasando a los individuos que tienen el capital del conocimiento y saben dar a conocer estratégicamente sus competencias* y es aquí donde la **IMAGEN DE MARCA PERSONAL** o **PERSONAL BRANDING** entra en juego.

Tú vales ORO amiga y amigo mío, tú **IMAGEN DE MARCA PERSONAL** o **PERSONAL BRANDING** vale millones de dólares. A lo mejor estás pensando, pero cómo es eso, de que mi *Imagen de Marca Personal* vale millones, pues sí, así es, porque tú eres único, exclusivo y especial. *Y tú, y solo tú haces y eres el único que sabe hacer las cosas como sólo tú sabes hacerlo. ¿Me entiendes la idea verdad?*

Hoy día el **Empresario Independiente** y el **Emprendedor Visionario** como tú, es el protagonista. *Tú eres el actor y la actriz principal, tú eres el centro, tú eres tu propia empresa, tú creas, posicionas y consolidas tú propia imagen de marca personal o personal branding y decides qué hacer, cómo hacerlo y cuándo hacerlo.*

Tú, y solo TÚ tienes la responsabilidad de tus ingresos, finanzas y economía, de tu bienestar, estilo y calidad de vida, de tus vacaciones, recreación y de tu tiempo. Tú, y solo TÚ escoge a quien ofrecer tus servicios, tú escoges a quienes unir a tu equipo, en fin, tú tienes el control total y absoluto de tu vida, solo tienes que creerlo, tomar acción y hacer que las cosas sucedan.

RECUERDA: *"El ÉXITO no es un acontecimiento de un solo día, es un proceso continuo que se repite toda la vida. Usted puede ser un ganador en su vida si se lo propone. YA QUE NACISTE Y ERES UN TRIUNFADOR desde el instante de la concepción...*

Recuerda: Las personas exitosas realizan actividades que les permitan ganar de vez en cuando; porque saben que tanto el triunfo, la victoria, así como la conquista son hábitos que deberían desarrollarse constantemente en su estilo de vida...

Las personas exitosas; asimismo tienen presente que, perdiendo también se gana. Porque saben que cada fracaso los acerca más a su propósito y que cada derrota los fortalece y les enseña lo que deben mejorar. En fin y al cabo; tanto los triunfos como las derrotas, son tan importantes para el éxito, que cuando aprendemos de ellas nos hacemos más fuertes y merecedores de vivir ese estilo y calidad de vida extraordinaria por la que tanto nos hemos esforzamos día tras día" -. YLICH TARAZONA. -

TERCERA PARTE: QUÉ IMPORTANCIA TIENE LA MARCA PERSONAL

Existe un gran número de razones por las que es importante *crear* y *construir* tú **PROPIA MARCA PERSONAL.**

A continuación, voy a destacar los puntos más resaltantes que nos permite el lograr **posicionar nuestra IMAGEN públicamente** al desarrollar un excelente **PERSONAL BRANDING**. Ya que esto nos brinda la oportunidad de cuásar un fuerte impacto alrededor de nuestro estatus profesional. Algunas de las razones más importantes son las siguientes:

1. Una **MARCA PERSONAL** *fuerte* y *bien consolidada* hace que sea más *factible* **LA CREACIÓN DE UN NEGOCIO** o *el emprendimiento de una "micro-empresa personal".*

2. Una **MARCA PERSONAL** *te haces más visible ante la sociedad*, te abre las puertas antes un mundo más competitivo, porque *te permite darte a conocer* como un **EXPERTO** *en una determinada área.*

3. Una **MARCA PERSONAL** *te permite generas mayor credibilidad, confianza* y *seguridad* antes los posibles clientes, prospectos, socio, empleadores, inversionistas o interesados en los *bienes, servicios* o *productos* que *tú ofreces en torno a la IMAGEN que has creado alrededor de TI.*

4. Una **MARCA PERSONAL** *te da la oportunidad de posicionarte en un tú* **ÁREA DE EXCELENCIA**, permitiéndote de forma más sencilla *centrarte en los temas que te apasionan*. Dando como resultado una *mayor calidad* en los *bienes, servicios* o *productos* que ofreces al mercado global.

5. Una **MARCA PERSONAL** *te favorece al momento de vender* porque te *proporciona el privilegio* de **COBRAR MEJORES PRECIOS** por tus *bienes, servicios* o *productos*. Ya que al haber creado **UNA IMAGEN BIEN CONSOLIDADA** te convierte en una **MARCA COMERCIAL** solicitada.

> "Yo nunca he dicho que sea fácil, pero les prometo que tampoco será imposible... Solo tienen que estar dispuesto a pagar el precio del éxito y luego disfrutar de los resultados el resto de toda su vida" -. **YLICH TARAZONA.** -

*Como Consolidar y Posicionar Tú PERSONAL BRANDING en un
Mercado Competitivo a través del "Love Brand"*
Escrito por el **Máster Coach: YLICH TARAZONA**

CUARTA PARTE: PERSONAL BRANDING o MARCA PERSONAL ONLINE

¿PORQUÉ POSICIONAR NUESTRO "PERSONAL BRANDING" o "MARCA PERSONAL" EN INTERNET?

Con la aparición del **MUNDO VIRTUAL** el hecho de crear una **MARCA PERSONAL *en* INTERNE** *es primordial y esencial para cualquier persona*. Como se ha comprobado recientemente; según los últimos estudios y estadísticas realizadas sobre el tema. Se ha demostrado que el 80% de la población alrededor del mundo ya utiliza el internet por diferentes medios tecnológicos como una opción o alternativa para diferentes utilidades tales como:

- Encontrar u ofrecer ofertas de trabajo vía **ONLINE**.
- Buscar candidatos profesionales para un puesto de trabajo
- Conseguir futuros, clientes, prospectos, parejas o negocios.
- Comprar, vender y comercializar bienes, servicios o productos.
- Crear perfiles en algunas de las *Redes Sociales* más conocidas.
- Buscar, subir o descargar información sobre temas de interés.
- *Navegar en las diferentes opciones que se encuentras disponibles en la* **WEB**. En fin; podríamos enumerar una gran cantidad de razones viables, del porque el mundo del **CIBER ESPACIO** es de gran utilidad hoy en día para una infinidad de oportunidades, pero este no es el tema principal del capítulo.

Bueno campeones y campeonas, una vez aclarado el punto anterior continuemos con el tema que nos interesa que es la importancia del **POSICIONAMIENTO de nuestra MARCA PERSONAL por internet.**

La **MARCA PERSONAL** *vía virtual; no es más que darnos a conocer de manera masiva de forma online en internet para posicionar nuestra* **IMAGEN COMO MARCA**. Para este propósito es necesario aplicar ciertas *tácticas* y *estrategias de marketing* para *destacar* y *dar a conocer* nuestros *talentos naturales*, *competencias*, *habilidades*, *destrezas* o *experiencias* que tengamos en un *área específica* que nos permita **PROYECTARNOS COMO EXPERTO** en la materia.

Otro de los beneficios que te ofrece el *posicionarte como* **MARCA PERSONAL** *por internet* es que te permite **DAR A CONOCER TUS MAYORES FORTALEZAS**, llevar un mensaje claro y contundente a tu audiencia de cómo *tú le puedes ayudar a resolver* tal o cual *desafío*, *obstáculo* o *adversidad* para *que ellos puedan avanzar al siguiente nivel en su* **PROPÓSITO DE VIDA**, al mismo tiempo que tú también vas **CONSOLIDANDO tus propios SUEÑOS, METAS, OBJETIVOS.**

Como Consolidar y Posicionar Tú PERSONAL BRANDING en un Mercado Competitivo a través del "Love Brand"

Escrito por el **Máster Coach: YLICH TARAZONA**

Tú **PERSONAL BRANDING** o **MARCA PERSONAL** también te brinda la *oportunidad* de estar presente en la **MENTE DE TUS CLIENTES** o *prospectos* como una **PRIMERA OPCIÓN** cuando ellos **NECESITEN UNA PERSONA IDÓNEA** que *les ayude a resolver cierto asunto* que a través de lo que **TÚ OFRECES LE PUEDA DAR UNA SOLUCIÓN**.

--*-*-*-*-*-*-*-*-*-*-*-*-**-*

¿QUE DISTINGUE A LOS GANADORES DE LOS PERDEDORES?

*"Que los **GANADORES** se concentran en todo momento en lo que ellos saben que pueden hacer bien, sus talentos, fortalezas, competencias, habilidades y destrezas. Aunque reconocen que tienen debilidades; nunca se enfocan en ellas, sino trabajan sobre ellas...*

Mientras que los perdedores se dispersan pensando en todo momento en aquellas cosas que no quieren hacer mal; enfocándose en sus debilidades, limitaciones y falta de talento, aunque saben que tienen fortalezas, parece que jamás se percatan de ellas...

*Si eres bueno persuadiendo vendiendo o comunicándote, entonces enfócate en esas potencialidades, y tus debilidades se harán fuertes a medida que trabajas en ellas poco a poco, sin dejar a un lado aquellas cosas en la que sabes que eres realmente bueno... Aquí radica la gran diferencia que marca la diferencia entre los **GANADORES** y perdedores, la forma de actuar antes las adversidades" -. **YLICH TARAZONA**. –*

POR QUÉ DAR A CONOCER TÚ MARCA PERSONAL POR INTERNET

Comprendiendo los procesos y los cambios que están aconteciendo alrededor del mundo, nuestra sociedad latinoamericana, necesita contar con más *Emprendedores*, *Líderes Hispanos* y *Empresarios Exitosos* en diferentes campos profesionales que brinden *diversas Alternativas* en las distintas áreas del SER, del conocimiento, del desarrollo personal y la autoayuda, así como también en los campos de los negocios, los emprendimientos, la educación y formación financiera, el arte de generar riqueza, abundancia y prosperidad, *otras opciones* que también serían de gran valor a la sociedad son los temas relacionados a los valores, los principios morales, el matrimonio, la familia, el hogar, los hijos, en fin *son tantos los mercados* en los que se requieren de **PERSONAS DE INFLUENCIA CON COMPETENCIAS ESPECIFICAS** que a través de sus aportes favorezcan a los usuarios que buscan guía, orientación mentoría, siendo *excelentes candidatos* aquellos con habilidades en coaching, programación neurolingüística, reingeniería cerebral entre muchas otras disciplinas.

Es aquí donde Tú **PERSONAL BRANDING** o **MARCA PERSONAL ONLINE** entra en juego y es de vital importancia, porque siempre se necesitarán más **LIDERES EXPERIMENTADOS** que sean generadores de soluciones.

Y a través del **INTERNET** como medio, es un excelente vehículo para llegar literalmente a miles y millones de personas de diferentes partes del mundo que requieran de tus **habilidades** y **competencias**.

Una de las formas más efectivas que tenemos para *llevar nuestro mensaje* y *promover nuestros valores de* **FORMA MASIVA** en "{(**INTERNET**)}", es a través de una **MARCA PERSONAL CON** "{(**PRESENCIA ONLINE**)}". Que nos permita POSICIONARNOS COMO LIDERES INFLUYENTES, COMO EMPRESARIOS EXITOSOS, COMO EMPRENDEDORES DE ALTO DESEMPEÑO, COMO EXPERTOS EN UN ÁREA ESPECÍFICA. Y todo esto se puede lograr si *creamos* y *construimos* **UNA IMAGEN BIEN CONSOLIDADA** que nos convierta literalmente en una "{(**MARCA COMERCIAL**)}" solicitada en la mente de los miles y millones de usuarios virtuales que "{(*navegan en la* **WEB**)}".

Una de las recomendaciones más importantes para *crear*, *construir*, *consolidar* y *posicionar* Tú propio **MARCA PERSONAL** son las siguientes:

I. Se *autentico*, *original*, *único* y *exclusivo*. Nunca intentes imitar a nadie; sé tú mismo, deja ver tus **SENTIMIENTOS, PENSAMIENTOS** e **IDEALES**. Inspira a los demás a través de **TÚ PROPIA HISTORIA DE ÉXITO**. *Tal vez al comienzo necesites tomar una persona como modelo, como ejemplo a seguir, como una fuente de inspiración en lo que vas a emprender. Todo esto es válido al principio de tú proceso de formación y posicionamiento; pero una vez hallas modelado los patrones de excelencia de tal o cual persona, y comiences a tener tus propias experiencias y resultados. Desde ahí y en adelante comienza a marca tú huella, a diferenciarte y posicionar tú* **MARCA PERSONAL**.

II. Tus *tácticas* y *estrategias* de **MARCA PERSONAL** deben ir acompañadas siempre de tus **PRINCIPIOS** y **VALORES**, porque son tus *principios* y tus *valores* los que te van a mantener "{(**POSICIONADO**)}" en la **MENTE de las personas** que *comienzan* a **CREER** y **CONFIAR en TI**, y esto finalmente es lo que *te va a diferenciar* como **UNA PERSONA CONFIABLE**.

III. Jamás intentes crear tú **MARCA PERSONAL** forjada en la mentira o en el engaño, porque estos actos deshonestos desacreditaran cualquier resultado que puedas lograr alcanzar. *Es preferible comenzar poco a poco desde cero, tal vez desde la nada, pero si tienes un* **PORQUE** *conquistaras tú* **PROPÓSITO**.

"Éxito es el resultado de la integridad y la honestidad en todos nuestros actos"
-. YLICH TARAZONA. -

QUINTA PARTE: TE DISTINGUES O TE EXTINGUES: TU IMAGEN DE MARCA PERSONAL SE TIENE QUE DIFERENCIAR DEL RESTO.

Como hemos aprendido hasta ahora, el Internet en este mundo globalizado y digital, ha hecho que los países emergentes entren en el juego, ha hecho que los mercados menos afortunados entren en el juego, ha hecho que los más brillantes entren en el juego, ha hecho que las mega corporaciones mundiales entre en juego, ha hecho que los considerados minorías en las sociedades entren en el juego, ha hecho que los menos validos entren en el juego, ha hecho que los más afortunados entre en juego, ha hecho que los más destacados y competentes entre en juego... y en fin, si sigo, no termino. *Lo que quiero darte a entender, es que hoy día hay* **OPORTUNIDADES PARA TODOS POR IGUAL,** *o sea que el Internet se ha convertido en una* **OPORTUNIDAD REAL** *donde no hay, ni existen barreras de entradas, ya que todos prácticamente tenemos y podemos estar, y crear presencia en internet.*

Ahora bien, quiero que prestes total atención. Como no hay barreras de entradas en Internet, por ende, tienes que aprender a diferenciarte del montón. Cabe mencionar esta frase que leí en una tesis de Personal Branding que se presentó en Madrid - España y dice así: **"Te Distingues o te Extingues".**

Como apreciamos en el lema **"Te Distingues o te Extingues"** definitivamente tienes que aprender a **CREAR, DESTACAR, CONSOLIDAR y POSICIONAR Tú IMAGEN DE MARCA PERSONAL o PERSONAL BRANDING** de manera diferente, única exclusiva y especial. *Es sencillo* **crear, destacar, consolidar y posicionar tú imagen de marca personal o personal branding** *haciéndola diferente del resto de los demás, si mantienes tu esencia, y sigues siendo tú mismo, pero dando a conocer al mundo una nueva y mejora versión de ti mismo.* Si logras encontrar tu esencia, ser tú mismo, pero al mismo tiempo crear una nueva y mejorada versión de tú ser más extraordinario, tu **MARCA PERSONAL** será diferente, porque somos seres únicos, y no hay ni nunca habrá alguien igual a nosotros, ya que todos somos diferentes y talentosos, unos somos brillantes en unas actividades y otros en otras actividades.

Y esta es la **DIFERENCIA QUE MARCA LA DIFERENCIA,** y cuando la comprendemos, nuestra vida comienza a cobrar sentido, porque comenzamos a comprender claramente quienes somos.

"Creo firmemente que dentro del interior de cada uno de nosotros existe una semilla de grandeza y reside una vasta reserva de potencialidades y competencias ilimitadas que habitualmente permanecen adormecidas; esperando ser descubiertas y desarrolladas, para florecer hacia nuestro mundo exterior. Cuando cada uno de nosotros despierte ese potencial individual, redescubramos cual es nuestra misión y el propósito que le da sentido a nuestra vida, abriremos el camino a un nuevo despertar consciente a lo que yo llamo REINVENCIÓN y REINGENIERÍA PERSONAL"
-. YLICH TARAZONA. -

*Como Consolidar y Posicionar Tú PERSONAL BRANDING en un
Mercado Competitivo a través del "Love Brand"*
Escrito por el **Máster Coach: YLICH TARAZONA**

SEXTA PARTE: COMO CREAR Y CONSTRUIR TÚ IMAGEN DE MARCA PERSONAL O PERSONAL BRANDING

La *creación* y *construcción* de nuestra propia **IMAGEN** de "**MARCA PERSONAL**", puede parecer algo sencillo al principio, pero en realidad comprende un proceso, y requiere de unos pasos a seguir para lograr el resultado esperado.

La buena noticia campeones y campeonas, es que hay maneras efectivas de hacerlo. Y es lo que voy a compartir con todos ustedes a continuación.

Para *crear* y *construir* una **IMAGEN** de **MARCA PERSONAL** efectiva; debemos *posicionarnos a nosotros mismos*, a través de los canales adecuados, como lo son las **REDES SOCIALES**, entre ellas las más recomendables son *Facebook*, *Twitter*, *YouTube*, *Google+*, *Blogger*, *LinkedIn*, *Instagram* entre otras muchas opciones de las más populares que existen en la red. Utilizar estas plataformas gratuitas a nuestro favor es una de la forma más efectiva que tenemos para obtener excelentes beneficios a corto, mediano y a largo plazo.

Al utilizar estas herramientas, es importante tener presente que nuestro **PERSONAL BRANDING** tiene que *DESPERTAR* en las personas *EMOCIONES POSITIVAS*, que le *INSPIREN* el deseo de "{(**TOMAR ACCIÓN**)}", es decir de *SEGUIRTE*, de interesarse en chequear tú perfil profesional, de seguir tus Tweets, las publicaciones en tú muro, leer los artículos en tú blogger, visualizar tus fotos o ver tus videos. Ya que todas estas actividades *GENERAN TRÁFICO EN LA WEB*, que es favorable en tu proceso de construcción de tú **MARCA PERSONAL ONLINE**.

Lo importante es que las *tácticas* y *estrategias de marketing* que utilices; te permitan ser **PERCIBIDO** *en los medios sociales* como una **ALTERNATIVA** que puede *GENERAR RESULTADOS POSITIVOS a las necesidades que los usuarios requieren*.

Y que puedan **SENTIR** que *TÚ PUEDES PROVEÉRSELAS* a través de lo que **REPRESENTAS** o de lo que **OFRECES**.

Para que logres este objetivo te invito a que puedas tomar en cuentas las siguientes recomendaciones

A. **CONOCERTE A TI MISMO**: *Antes de crear tú propia **MARCA PERSONAL** debes **CREER EN TI**, en tú potencial, en lo que puedes llegar a **SER**, debes aprender a conocerte a ti mismo, comprender **que es lo que te apasiona**, que es **lo que te inspira**, que es **lo que te motiva**, que es **lo que más te gusta hacer**, que es lo que si harías por el resto de tú vida te haría la persona más feliz de este mundo, entender que es lo que quieres lograr, tener una clara visión de tú misión de propósito en esta vida, conocer en que eres bueno, saber en qué te diferencias del resto de las demás personas, tener una clara idea de cuáles son las **competencias**, **habilidades**,* *destrezas, dones y talentos* con los qué cuentas. **Al tener estas ideas conscientes en tú MENTE podrás comenzar a construir el rompecabezas de tú éxito, que en este caso representa tú PERSONAL BRANDING.**

B. DESARROLLAR LOVE BRAND: *Que es un concepto en marketing aplicado al* **PERSONAL BRANDING** *que ha revolucionado la manera en cómo nos proyectamos en nuestro entorno y círculo de influencia, y que resulta ser esencial al momento de* **posicionar** *y* **consolidar** *nuestra* **MARCA PERSONAL**. *"Hoy en día nuestra* **IMAGEN DE MARCA PERSONAL** *necesitan un incentivo, algo que nos diferencie del montón. De esos miles de* **líderes** *y* **emprendedores** *que ofrecen al igual que nosotros una solución a un problema común". Y la única manera, que tenemos de sobresalir ante todos ellos, es través del "***Love Brand***". Por tanto, un "***LOVE BRAND***" se define como aquella* **MARCA** *que amamos. Y para lograr ese objetivo, tenemos que recordar que* **lo que mueve a los seres humanos son la emoción, más que la razón misma**. *Por lo que, si aprendemos a ganarnos el corazón de las personas, también nos ganaremos su lealtad hacia nuestra* **MARCA**. *Nuestro propósito debe ser hacerle sentir que nuestra* **MARCA** *los hace sentir felices, que experimenten emociones positivas, y que en su interior deseen preferirnos a nosotros porque tenemos ese "algo" que les llega tanto a su mente como a su corazón. Es decir, porque tenemos ese "algo" que los llena, y de las cuales las otras personas carecen.*

C. CONOCER TÚ NICHO DE MERCADO: *Para* **posicionar** *tú* **MARCA PERSONAL** *de la manera más efectiva y eficazmente posible, lo primero que debes hacer es conocer y comprender* **cuál es tú nicho de mercado**, *es decir debes* **saber a qué área del mercado quieres llegar**, *a* **qué tipo de personas, clientes o prospectos deseas atraer**. *Una vez tengas en cuentas estas características debes enfocar todos tus esfuerzos en posicionarte en esa rama que has seleccionado. Una vez tomada esta decisión debes comenzar a formarte, prepararte, especializarte, adquirir experiencias y comenzar a darte a conocer como un experto en la rama que has seleccionada de ante mano. Recuerda que cuanto más estrecho y especializado sea tú nicho; será mucho más sencillo posicionarte, diferenciarte del resto y poder destacarte de los demás. También es de suma importancia enfatizar en este punto que cuantas más áreas abarque tú nicho de mercado, tal vez tengas más probabilidades, pero también tendrás más competencia, y más difícil será hacerte destacar, sin mencionar que debes triplicar tus conocimientos en múltiples ideas al mismo tiempo, produciéndote un agotamiento físico-mental e intelectual, en vez de gozar de un disfrute pleno y armonioso en tú crecimiento y desarrollo personal.*

D. CONOCER CUÁL ES TÚ OBJETIVO: *El siguiente pasó a seguir es clave en este proceso de* **POSICIONAMIENTO** *de tú "***MARCA PERSONAL***". Lo primero que debes hacer es* **DEFINIR** *cuáles son tus* **OBJETIVOS**. *Una vez que has pasado por los primeros tres principios* **CONOCERTE A TI MISMO, DESARROLLAR LOVE BRAND** *y* **CONOCER TÚ NICHO DE MERCADO**, *te permitirá tener ya una idea más clara de que es lo* **QUÉ** *quieres, del* **PORQUÉ** *lo quieres y sobre todo ya sabrás cual es el* **PROPÓSITO** *que deseas lograr. Tu objetivo podría ser posicionarte como un experto* en gastronomía internacional, el arte de hablar en público, coaching de alta envergadura, decoradores de interiores, como administrar el tiempo efectivamente, como embellecer tu hogar a bajo costo, como lograr tus metas de manera eficaz, como encontrar oportunidades de negocios por internet, como emprender un negocio de multinivel, 7 maneras para bajar de peso en 30 días, en fin, estos solo son ALGUNOS EJEMPLOS DE OBJETIVOS. - Una vez escojas cual será el tema que deseas desarrollar comienza tú procesos de posicionamiento de tú marca personal. - "**(POR EJEMPLO, Si tu objetivo** es enseñar a las personas como MEJORAR SU SALUD Y SU CONDICIÓN FÍSICA. - "este será tú QUÉ". Ahora cómo podemos desglosar esa idea en pasos, para que te ayude a CREAR UN PLAN DE ACCIÓN. - Una manera de hacerlo sería utilizar las **7 maneras para bajar de peso en 30 días** ya que esta sería una excelente opción para comenzar, porque está en armonía con lo que deseamos, que nos motivará a ofrecernos como **EXPERTO.** Convirtiéndose el área del **BIENESTAR** y **LA SALUD** en tú nicho de mercado, teniendo como **PROPÓSITO** - "este será tú PORQUÉ" **ayudar y orientar a las personas a mejorar su calidad de vida**, - Entonces **tú META personal** debería ser especializarte en la materia, para ser más efectivo, también podría ser estar en tu talla y peso ideal para hablar con propiedad y ser un ejemplo de estilo de vida saludable. - **Tú META profesional** podría ser: Escribir eBook's, hacer videos, dar charlas relacionados al tema, asesorarte con un doctor en nutrición y dietética, buscar un entrenador deportivo que te de algunos consejos, y finalmente darte a conocer, y posicional tu marca personal en los próximos 6 meses, a partir de los próximos 15 días hábiles, después de encontrar tu propósito y mientras creas tu plataforma en la WEB y en las redes sociales)".

E. **POSICIONAR NUESTRO NOMBRE COMO MARCA PERSONAL**: Este paso ya es nivel superior, para este momento ya hemos cumplido los 4 primeros principios **CONOCERTE A TI MISMO, DESARROLLAR LOVE BRAND, CONOCER TÚ NICHO DE MERCADO** y **CONOCER CUÁL ES TÚ OBJETIVO**. – Una vez que ya tienes consolidado los 4 principios anteriores comienza el proceso de **POSICIONAMIENTO DEL NOMBRE.** Es el paso por el cual se crea y se construye el nombre para tú marca que puede ser tú propio nombre personal, por ejemplo: **Doctor Carlos Ramírez – Liderazgo con Teresa Pérez**, o el nombre de tú producto, bien o servicios que deseas ofrecer, por ejemplo: **Salud Óptima – Lideres con Actitud**, estas ideas son solo por colocar algunos ejemplos de modelo. - **Es necesario que éste nombre que le demos a nuestra marca resulte eficaz, atractivo y persuasivo a la hora de posicionarnos.** Para que eso se logre, es primordial que nuestro nombre **DESPIERTE EMOCIONES, SENTIMIENTOS, CURIOSIDAD**, y sobre todo **EL DESEO DE NUESTRO PÚBLICO A QUERER CONOCERNOS**. - Debemos conseguir que nuestro nombre sea único, exclusivo diferente, breve, por supuesto que sea pronunciable, fácil de recordar, y sobre todo si pudiera tener relación con lo que hacemos o con las características QUE OFRECEMOS sería más comercial y de interés a los demás.

F. **CREANDO UN CENTRO DE OPERACIONES ONLINE**: Este punto es esencial si deseas tener **PRESENCIA VIRTUAL** y "{(**POSICIONAR TU MARCA EN INTERNET**)}" disfrutar de todas las opciones y beneficios ilimitados que te ofrece la **WEB**. – Para este punto necesitamos tener una **página web** profesional,

Como Consolidar y Posicionar Tú PERSONAL BRANDING en un
Mercado Competitivo a través del "Love Brand"
Escrito por el **Máster Coach: YLICH TARAZONA**

dinámica e interactiva donde **todos los usuarios de tú nicho de mercado interesados** en tus **servicios, bienes** y **productos**; puedan **encontrarte, conocerte** y **saber más de ti**. – Para lograr el mayor éxito posible en esta parte del proceso de posicionamiento debemos **utilizar un DOMINIO claro**, que refleje tu objetivo **ejemplo**: www.líderesconactitud.com. - finalmente necesitas un **DISEÑO que sea atractivo** y **persuasivo** a la vez que **motive a los usuarios EL LLAMADO A LA ACCIÓN**, donde tus clientes y prospectos potenciales puedan estar cómodos y encontrar el contenido e información deseada sin que este paso les lleve demasiado tiempo navegando en tú web.

G. **POSICIONARTE EN LAS REDES SOCIALES**: Los canales de Social Media más importantes en los que deberías estar presente pueden ser **Facebook, Twitter, YouTube, Google+, LinkedIn, Instagram**, también se debe estar al día en los **blogs** de tú nicho, esto te permitirá comentar y responder preguntas. - Dichas redes sociales representan un espacio donde expresar todo aquello que otros medios no puede reflejar. Además, los buscadores como Google valoran mucho las primeras posiciones de los resultados al ejecutar una búsqueda simple. **Las HERRAMIENTAS BÁSICAS que necesitas para comenzar tú MARCA PERSONAL ONLINE son: Un BLOG con tú nombre de dominio propio y un PERFIL y PÁGINA de fans en Facebook**. - El **BLOG** es importante porque es allí donde vas a comenzar a hablar de ti y de lo que tú puedes hacer por un grupo específico de personas interesadas en tú nicho de mercado, tu blog cumplirá el rol de **oficina virtual** de tú negocio, ya que será el lugar idóneo para que las personas lleguen a saber más de ti, es recomendable que tú Blog cuente con un sistema de autoresponder integrado para comenzar a crear tu lista de prospectos, suscriptores y clientes en línea. - Tú **PERFIL DE FACEBOOK** es necesario para socializar, darte a conocer, compartir publicaciones en tu muro y fotografías que inspiren y motiven a tus amigos y les dejen saber el tipo de persona que eres tú. - Aquí se aplica muy bien el principio que dice que: "**Una excelente imagen y un buen comentario en tu muro dice más que mil palabras**". - En Facebook esto aplica mucho, ya que una persona al llegar a tú perfil puede ver las fotografías y publicaciones que tienes en tu muro y conocer quién eres Tú, tus intereses, las causas con las que te identificas, en fin, tú perfil es una representación virtual de ti. - Tú **PÁGINA DE FANPAGE** vas a hacer para satisfacer a tú audiencia, las personas que están siguiendo tú página de fans es porque desean aprender más de lo que tu compartes y de lo que tú puedes hacer por ellos. - En tú página de fans también le puedes dar una probadita de lo que pueden encontrar en tu blog, en otras palabras, tú página de fanpage será el vehículo para llevar a tus seguidores a tú blogger. - Sea cual sea la red social que decidas utilizar estas son algunas recomendaciones a tener en cuenta: **1º** Debes **tener claro el objetivo**, saber el **PORQUÉ** y para **QUÉ** participas en la red social en cuestión. **2º** Incluye una **foto de perfil real**, y una foto de portada profesional que refleje tus objetivos. Esto trasmitirá confianza y credibilidad en los usuarios que naveguen en tus redes sociales. – **3º Completa al máximo la información de perfil**, siempre siendo **HONESTO**. Rellenando esta información tienes la oportunidad de presentarte y dar a conocer, tus gustos, conocimientos, logros y preferencias. – **4º Comparte contenido de interés** de forma inteligente, a tu nicho de mercado de manera constante y permanente, esto te mantendrá activo en tus seguidores. – 5º **Hacer que las cosas sucedan**, ser proactivo, tomar acción. Es decir, llevar la iniciativa, cuando tengas interacciones entre tus usuarios con algunas de tus publicaciones o fotografías, esto hará que consolides relaciones con tus potenciales, clientes y prospectos.

EL ÉXITO ES PARA AQUELLOS, QUE ESTAMOS DISPUESTOS A PAGAR EL PRECIO Y DISFRUTAR DEL CAMINO "El éxito es más que una condición, es un estado mental. El éxito es un camino; es el logro consecutivo de pequeñas metas, y es el resultado de llevar una vida con propósito. Y para que nuestros objetivos se lleven a cabo; debemos estar dispuestos a programar nuestra mente en dirección a nuestro destino, tomar acción, ejecutar el plan o proyecto de vida y hacer que las cosas sucedan". -. **YLICH TARAZONA.** -

Consejos para Posicionar Tú Marca Personal de forma presencial con ESTRATEGIAS OFFLINE

Bueno campeones y campeonas como hemos aprendido hasta ahora el *crear* y *construir* Tú **MARCA PERSONAL** o **PERSONAL BRANDING** es un proceso que debes comenzara realizar, si realmente quieres *posicionarte* como **UNA IMAGEN PÚBLICA CONOCIDA**.

Con los temas que hemos desarrollado hasta ahora, queda claro la importancia del internet como herramientas virtuales online para construir Tú **IMAGEN** de **MARCA PERSONAL** y dar a conocer tú idea de negocio, bienes, producto o servicio innovador. También aprendemos de la importancia de aplicar el "**LOVE BRAND**" que es la capacidad de desarrollar una **MARCA PERSONAL,** que produzca la pasión incondicional que siente la gente por sus cantantes y actrices. La clave del "**Love Brand**" está, en causar una buena primera impresión desde el inicio. Y producir empatía, y rapport con las personas con las que interactuamos diariamente. Bien sea de manera presencia o virtual. Y finalmente comprendimos la importancia de **posicionar** y **consolidar** nuestro **PERSONAL BRANDING** a través de acciones físicas y actividades presenciales conocida en el medio como **MARKETING OFFLINE**.

A continuación, voy a compartir con ustedes otra serie de consejos de vital importancia para comenzar a promocionar y posicionar Tú **MARCA PERSONAL** o **PERSONAL BRANDING** a través del **MUNDO REAL**, conocido como **OFFLINE**.

Bueno sin más preámbulos comencemos… =)

- **Comenzar a posicionarnos como experto a través de mini cursos y talleres presenciales.** - Otra forma efectiva de construir y posicionar tú marca personal **OFFLINE** es **asistir a reuniones, eventos sociales, presentaciones de networking y actividades gratuitas.** Puedo afirmar que la primera impresión en persona **MARKETING PRESENCIAL** es la forma más eficaz de construir una relación fructífera para con el futuro. Y para que esto suceda debemos **contribuir a la sociedad y crear oportunidad para darnos a conocer** a mucha gente y sobre todo para que ellos también puedan conocerte a ti. Como ya hemos reafirmado varias veces los recursos online (web, blogs, redes sociales, tele seminarios, webminars y podcasters) son muy útiles, pero **SERÁS RECONOCIDO COMO UN EXPERTO MÁS FÁCILMENTE CUANDO LAS PERSONAS TE VEAN IMPARTIR CHARLAS Y CONFERENCIA PRESENCIAL** en tú propio nicho de mercado.

- Él **CARA** a **CARA** también es vital para nuestro posicionamiento como **IMAGEN** de **MARCA PERSONAL**, por tal razón; debemos **caminar la milla extra, ir más allá, tomar acción, hacer que las cosas sucedan, hablar con la mayor cantidad de personas** posible, **hacer presentaciones 1º a 1º** (uno a uno), visitar regularmente a potenciales clientes y prospectos, intercambiar informaciones. Este tipo de actos fomenta las relaciones y estrechar lazos de amistas. Nunca se debe perder el contacto con amigos, familiares, conocidos y ex compañeros de trabajo o estudios.

- **Conviértete en un experto en la publicación de información impresa tradicional y en un orador en presentaciones radiales y televisivas.** Un principio de excelencia en las personas exitosa es darse a conocer tanto de forma escrita como hablada; es decir, tienes que comenzar a intentar conseguir un espacio impreso y radial donde ganarte a tú público y llagar a la mayor cantidad de personas posibles en tú nicho de mercado. Para iniciar puedes empezar desde los periódicos locales, recordar que los diarios locales están en casi todas las ciudades, los periódicos impresos y diarios locales aún tienen muchos lectores y es una excelente opción para ganarte lectores en tú campo de acción, Dada esta posibilidad **puedes darte a conocer como escritor; puedes comenzar a escribir por ejemplo un artículo de opinión sobre tú nicho de mercado** dando opciones, alternativas y respuestas a tus lectores del tema de interés seleccionada de antemano. - **La otra opción recomendada es la radio y la televisora local, las emisoras radiales y los programas de televisión también aún tienen mucha audiencia, sería ideal asistir como invitado a programas de radio o televisivo**, esto te daría la oportunidad de darte a conocer como un experto y encontrar muchas audiencias interesada en lo bienes, servicios o productos que ofreces. – y si está en tus posibilidades sé el moderador y conductor de tú propio programa televisivo o el productor y conductor de tú programa radial, seria genial.

- ***Formar parte de algo más grande***, se participe de una visión global, ***involúcrate en organizaciones afines a tus ideales***, se miembro de **equipo de emprendimiento**, parte activa de un **grupo de emprendedores** multinivel; mayormente este tipo de empresas de redes de mercadeo cuentan con un sistema educativo y un equipo de apoyo de la cual te puedes apalancar para conocer nuevos amigos y relacionarte con personas y líderes que pueden enseñarte muchas cosas, **participa en servicios de voluntariado, si sirves a otras personas**, prestar servicio a los demás te producirá una doble satisfacción, primero, la de ayudar a otros, y después conseguir buena gente para conocer.

- ***Invierte en tú salud***; comienza a **cuidar de tu bienestar** físico, esto tal vez no parecerá tan importante como los anteriores consejos, pero en verdad lo es, en mi humilde opinión personal campeones y campeonas creo que cuidar nuestra apariencia física y nuestro bienestar personal es de vital importancia al momento de comenzar a posicionar nuestro **PERSONAL BRANDING**. Recuerda tú eres la **IMAGEN** de tú **MARCA PERSONAL** que es tú empresa. Por tal razón; debes comenzar a cuidar tu salud, **mejorar tus hábitos alimenticios**, alimentarte de forma saludable y balanceada, tienes que empezar a **practicar algún deporte** del cual te sientas más a gusto, por ejemplo, están los **ejercicios AERÓBICOS** como "**bailoterapia, spinning, yoga, pílate** entre otros" también están los **ejercicios ANAERÓBICOS** tales como "**pesas, maquinas multifuerzas**", en fin, esto es solo algunas ideas para tener presente. **Recuerda que cuanto mejor estés; mayor repercusión tendrás entre tus fans y al final todo se traduce en mayor confianza y seguridad en ti mismo.**

- Crea y desarrolla "**Love Brand**". Este es un buen punto de partida en la estrategia de **posicionamiento** y **consolidación** de tu **IMAGEN** de **MARCA PERSONAL**. Ha llegado el momento de que tus potenciales prospectos, clientes, socios y seguidores se conviertan en **fanes** de tu **MARCA** y se "**ENAMOREN**" de tu **PERSONAL BRANDING**. "**ENAMORAR** para efectos de este principio, es hacer que las personas se sientan entusiasmadas hacia lo que le ofreces, y sientan una gran simpatía por lo que tu **IMAGEN DE MARCA PERSONAL** representa para ellos". - Cómo **enamorar** a nuestros potenciales clientes, prospectos, socios y seguidores. Y convertirlos en **fans** de nuestra **MARCA PERSONAL** a través del "**Love Brand**". – Recuerda para entrar en la mente y en el corazón de las personas, y lograr que se conviertan en nuestros mejores clientes, prospectos, socios y seguidores, ganándonos su lealtad. Es preciso constar con una estrategia de "**Love Brand**". Para lograr este objetivo, es necesario crea un vínculo emocional con ellos. No basta con que te esfuerces por hacer un excelente trabajo y prestar un buen servicio, debes aprender a amar lo que haces, y creer en lo que haces, apasionarte con tu trabajo y enamorarte de él como de TI mismo. Es la única manera de que transmitas la pasión necesaria para "llegar al corazón y a la mente de los potenciales clientes, prospectos, socios y seguidores". Y una de las maneras de hacerlo es involucra a las personas. Hazlo a través de sus opiniones, consejos, recomendaciones, sugerencias, permíteles hacerle saber que valoras lo que piensan y sienten. - Ahora bien, para realizar esta tarea es imprescindible conocer e identificar muy bien tu nicho de mercado, con la finalidad de que puedas **transmitir tu MARCA** como algo que se siente, y que comportes con ellos. Atrévete abrirte, y que las personas se conviertan en parte de ti y de lo que haces. Tus clientes, prospectos, socios y seguidores deben convertirse en **fans** de tu **MARCA**, tienen que tener el deseo sincero de recomendarla espontáneamente, ofrecer feedback a otras personas interesadas. Y para lograr esto, temenos que hacerles sentir que son parte de nuestra misión y visión. Para ello, debes enseñarles cuales son los valores que rigen tu **IMAGEN** de **MARCA PERSONA** y cuáles son los principios que la sustentan. Con estos pasos, no solo te ganas su respeto y admiración, sino más importante aún, también su confianza y lealtad.

- Crear merchandising útil para posicionar tú **MARCA PERSONAL**. El concepto de **merchandising** aplicado al "**{(PERSONAL BRANDING)}**" es la parte del **marketing online** y **offline** que engloba las **técnicas comerciales que permiten presentar a tus potenciales, clientes y prospectos los producto o servicios que ofreces en las mejores condiciones posibles**, bien sea de forma subjetiva, persuasiva, psicológicas, físicas, tangibles, palpables, visuales, auditivas o sensoriales según sea el caso de lo que brindamos a nuestro nicho de mercado interesado en nuestra área específica. – **La gente está repleta de regalos inútiles** que no saben qué hacer con ellos, afectando la imagen corporativa que tienen de determinada marca comercial. Aunque el presupuesto para merchandising pueda producir un gasto de inversión mínimo en la mayoría de los casos, **lo más ideal primero sería pensar el nuestros potenciales, clientes y prospectos y en la utilidad que nuestro regalo les va a proporcionar. Nuestro propósito debe ser que el regalo que vallemos a realizar sea para AGREGAR VALOR y BENEFICIO REALES para quienes lo reciben.** - En este mundo globalizado en el cual vivimos actualmente, es una de las ERAS de la información, el mundo virtual y el conocimiento acelerado de mayor transcendencia en los últimos años. - Por tal razón **estamos persuadidos a movernos a la misma velocidad de los cambios que van produciéndose en el mercado,** exigiéndonos a los **LIDERES, EMPRENDEDORES** y **EMPRESARIOS** que nos **estamos posicionando en el mercado** a ser parte de ese cambio generacional. - En especial en estos momentos en que nuestros potenciales, clientes, prospectos, socios y seguidores se van pareciendo cada vez más a los de otros colegas en nuestro mismo nicho de mercado y especialidad. - Es por ello; que debemos apelar de forma más **ÉTICA** y **PROFESIONAL** a su imaginación para enamorarlos, para conquistarlos y lograr ganarnos su confianza y fidelidad de tal modo que sigan creyendo en nosotros y prefiriendo los productos y los servicios que ofrecemos. - **Y el merchandising utilizado correctamente es una de la mejores respuesta, opción y alternativa que existen para ello**...

Como crear una estrategia de "LOVE BRAND".

Para lograr una estrategia de *"Love Brand"* es cuestión de aplicar ciertas tácticas. Y para conseguirlo, debemos establecer fuertes lazos afectivos con las personas. Para ello, te propongo estos 7 pasos para un *"Love Brand"* efectivo.

AMAR LO QUE HACES. *Para que las personas amen tu MARCA, primero debes comenzar amarla tú mismo.*

CREA ATRACCIÓN HACIA TU MARCA. *Para lograr tal fin, debes causar el interés de tus potenciales clientes, prospectos, socios y seguidores hacia los productos o servicios que ofreces. Para ello puedes, usar el poder de las historias, **(Storytelling)**, creando un relato, o una anécdota sobre tu MARCA. (El **STORYTELLING** consiste en contar tu historia, y hacer que las personas se conecten con tus palabras, y se conviertan en parte activa de tu MARCA... **Mediante los relatos podemos estimular los sentidos, los deseos y las emociones de las personas y conectarlas más profundamente con nosotros.***

APELA A LOS SENTIDOS. *La **MARCA PERSONAL**, al igual que los productos, entra principalmente por los ojos, pero también a través de los otros sentidos. Si consigues vincular tu **PERSONAL BRANDING** a estímulos visuales, audibles, kinestésicos y sensoriales, habrás alcanzado un nivel de vinculación insuperable. (En la práctica, esto se traduce en escoger con cuidado tus decoraciones, muebles, espacios, aromas, iluminación, colores, formas. imágenes y sonidos... Es decir, utiliza el **marketing sensorial**. Lo que se ve, escucha, siente, degusta y huele).*

CUIDA LA EXPERIENCIA DE COMPRA. *Hay que ganar en el terreno de las emociones, vincularnos a los sentimientos y a los recuerdos de nuestro cliente, porque el 95% de las decisiones de compra son dictaminadas por el inconsciente. Así que asegúrate de usar el **marketing vivencial** o **experiencial**. Para ponerlo en práctica en tu **MARCA PERSONAL** ten presente estas 4 claves: La **parte experimental** (el placer de disfrutar del producto), la **parte de esparcimiento** (incluye elementos vinculados al ocio y el entretenimiento), la **parte de presentación** (cada producto llega al consumidor de una forma muy diferente) y la **parte de conversión** (aprender a compartir las cualidades del producto, y enseña cómo se hace o cómo aprovecharlo)*

CREA COMUNIDAD. *Gran parte del secreto de las estrategias de "Love Brand" para **posicionar** y **consolidar** tu **MARCA PERSONAL** radica en la capacidad para hacer sentir al cliente que es alguien único y que forma parte de una comunidad exclusiva muy especial. Para ello, personaliza al máximo tus servicios o productos, y dale la oportunidad a tu cliente, prospectos, socios y seguidores de interactuar contigo a través tus **REDES SOCIALES** tales como **blog, fanpage, chat, encuestas web**, entre las muchas otras opciones. Utiliza el **SOCIAL MEDIA** para llegar a ellos, y ofrecerles servicios extras en forma de asesoramiento, formación online y offline,* coachsulting y secciones que puedes hacer tantos virtuales como presenciales según el nicho de mercado que desarrolles...

TRANSMITE CONFIANZA Y SEGURIDAD. *No existe "**Love Brand**" si no hay confianza absoluta. No se trata de que no podamos cometer errores, sino de asumirlos a tiempo y reconocerlos en el momento cuando estos ocurran. La clave está, en transmitir confianza, y para ello la transparencia, integridad y honestidad son fundamentales.*

SÉ SOLIDARIO. *Practica la generosidad. En estos tiempos, es bueno que te reconozcan por tus servicios, por tu solidaridad, y por tu buena disposición para ayudar a otros.*

Elementos que debe poseer una buena estrategia de "LOVE BRAND" para el posicionamiento y consolidación de tu MARCA.

*"Además de lograr altos niveles de empatía, amor y lealtad de nuestros clientes, prospectos y seguidores. Una buena estrategia de "**Love Brand**" debe tener de manera equilibrada los siguientes elementos:* **MISTERIO, ESTIMULO SENSORIAL** y **PASIÓN.**

MISTERIO: *Una **IMAGEN DE MARCA PERSONAL** debe conservar siempre algo de misterio oculto. Es decir, mantener reservada parte de tu privacidad. Para que las personas se sientan atraídas, y con deseos de conocer más de ti. El **misterio** incrementa la atracción por tu **MARCA**, ya que las personas se sienten atraídas por lo que desconocen.*

ESTIMULO SENSORIAL: *Un buen **PERSONAL BRANDING**, debe tener la capacidad de estimular los sentidos de las personas. Sin importar el nicho de mercado al que pertenezca, debes aprender a estimular a las personas de manera **visual**, **auditiva**, **kinestésica** y **sensorialmente** a través de lo que puedes hacerles **ver**, **sentir** y **escuchar**.*

PASIÓN: *Está bebe estar constituida por el compromiso que tiene tu estrategia de "**Love Brand**" por desarrollar un verdadero aprecio y amor sincero hacia las personas. Bebes aprender a conocer a tu público, crear empatía y rapport con ellos, y debes mantener siempre la pasión por lo que haces y ofreces.*

"La formación, la preparación y la actitud es la diferencia entre el éxito y el fracaso" -. **YLICH TARAZONA.** -

Escrito por el **Máster Coach: YLICH TARAZONA**

CUADERNO DE EJERCICIOS

DETERMINE SU PLAN DE ACCIÓN, POSICIONANDO TÚ MARCA PERSONAL

DESARROLLE LAS TÁCTICAS Y ESTRATEGIA

¿Cuál será su **NICHO DE MERCADO**?, ¿Qué **ÁREA EN EL RAMO** y **ESPECIALIDAD** vas a desarrollar para **CONSOLIDAR** y **POSICIONAR TÚ** "{(MARCA PERSONAL)}" como un **EXPERTO** en la materia?

¿Cuál será el **OBJETIVO** principal y el **PROPÓSITO** por el que deseas **CONSOLIDAR** y **POSICIONAR TÚ MARCA PERSONAL** en el **MERCADO**?

Piense en varias **TÁCTICAS** y **ESTRATEGIAS** que necesitaras para **CONSOLIDAR** y **POSICIONAR TÚ** "{(MARCA PERSONAL)}"

Piense en las *personas*, *aliados*, *líderes* o *mentores* que podrían ayudarte a **CONSOLIDAR** y **POSICIONAR TÚ "{MARCA PERSONAL}"**

¿Con qué *recursos*, *habilidades* y *competencias* cuentas para lograr alcanzar **CONSOLIDAR** y **POSICIONAR TÚ "{MARCA PERSONAL}"**?

¿Cuáles son algunos de los desafíos que deberá superar para lograr alcanzar **CONSOLIDAR** y **POSICIONAR TÚ "{MARCA PERSONAL}"**?

¿Con qué *Redes Sociales* o *Plataforma WEB* cuentas para **LOGRAR** alcanzar **CONSOLIDAR** y **POSICIONAR TÚ** "{MARCA PERSONAL}"?

¿A qué tipo de *Eventos*, *Actividades*, *Empresas* u *Organizaciones Afines* vas a comenzar a asistir y promover para lograr alcanzar **CONSOLIDAR** y **POSICIONAR TÚ** "{MARCA PERSONAL}"?

¿Qué *recurso*, *habilidad* o *competencias* especiales necesitas para lograr **CONSOLIDAR** y **POSICIONAR TÚ** "{(MARCA PERSONAL)}"? y ¿Cómo cree que podrías obtenerlos para alcanzar tus objetivos?

¿Qué **medidas de evaluación** tomaras; para determinar, si está alcanzando **CONSOLIDAR** y **POSICIONAR** TÚ "{(**MARCA PERSONAL**)}"?

¿Cuáles son las *tácticas* y las *estrategias* que vas a implementar y utilizar para **CONSOLIDAR** y **POSICIONAR** tú **MARCA PERSONAL** de manera **presencial**, **OFFLINE**?

¿Cuáles son las *tácticas* y las *estrategias* que vas a implementar y utilizar para **CONSOLIDAR** y **POSICIONAR** tú **MARCA PERSONAL** de manera **Virtual**, **ONLINE**?

¿Qué tácticas y estrategias vas a comenzar a utilizar para iniciar tu proceso de *"Love Brand"* que te permita **CONSOLIDAR** y **POSICIONAR TÚ** "{**MARCA PERSONAL**}" desde el inicio?

¿Piensa en varias tácticas y estrategias que puedes utilizar para incorporar tu *"Love Brand"* como medio para **CONSOLIDAR** y **POSICIONAR TÚ** "{**MARCA PERSONAL**}" a medida que te vas dando a conocer?

¿Cómo piensas llevar a cabo tu *"Love Brand"* para conquistar el corazón de tu nicho de mercado y **CONSOLIDAR** y **POSICIONAR TÚ** "{**MARCA PERSONAL**}"?

Escribe a continuación como tú *"Love Brand"* te ayudara a **CONSOLIDAR** y **POSICIONAR TÚ** "{**MARCA PERSONAL**}

Como Consolidar y Posicionar Tú PERSONAL BRANDING en un Mercado Competitivo a través del "Love Brand"
Escrito por el **Máster Coach: YLICH TARAZONA**

Saber hacia dónde vamos, es importante y esencial en nuestro camino a la excelencia personal, tener un norte establecido nos permite caminar en la dirección correcta, saber hacia dónde vamos nos permite establecer la ruta y las coordenadas por la cual debemos dirigirnos y guiarnos para llegar a nuestro destino. En otras palabras, tener claro nuestra misión de vida y saber cuál es el propósito que le da sentido a nuestra existencia, es lo que nos permite finalmente redescubrir porque estamos aquí y para que hemos nacido. Recordemos que todos hemos nacido con un propósito, todos tenemos una misión y cuando la descubrimos y vamos en pos de ella, esto no solo le dará sentido a nuestra existencia, sino que abrirá un sinfín de probabilidades que nos llevaran directo a nuestro lugar de destino.
-. YLICH TARAZONA. -

EL PODER DEL ESTABLECIMIENTO Y LA DEFINICIÓN DE METAS PARA EL LOGRO DE OBJETIVOS "Comprendan cabal y claramente que es lo QUÉ realmente quieren lograr alcanzar en cada aspecto de su vida. Tenga METAS y OBJETIVOS claros, bien definidos y establecidos paso a paso. Esto evitará que se ponga a perder el tiempo en no saber qué hacer ni por DÓNDE comenzar. CUANDO usted sabe el PORQUÉ y con QUIEN desea compartir sus triunfos, esto hará que se ponga en marcha a ejecutar su COMO plan de acción hasta conseguirlo. Pero sobre todo le permitirá ponerse en marcha enfocado en el resultado final, centrado en su visión y misión de propósito"
-. YLICH TARAZONA. -

PALABRAS FINALES

Bueno campeones y campeonas "{(**FELICIDADES**)}", ya hemos llegado al *FINAL de éste maravilloso LIBRO* en su *EDICIÓN ESPECIAL* que con tanta dedicación escribí para ti. Fue un largo *proceso de formación* y *aprendizaje* que juntos **TÚ** y **YO** recorrimos en esta jornada **HACIA TÚ ÉXITO** y **REALIZACIÓN PERSONAL**.

Éste libro lo cree y diseñe pensando en **TI**, de manera **SISTEMÁTICA** como un **MANUAL PRÁCTICO DE INSTRUCCIONES** paso a paso; con el objetivo de ir pasándote por un *proceso mental de formación continuo de aprendizaje*, a través de un "{(**PATRÓN DE ACCIÓN**)}" bien preparado y simplificado para brindarte resultados óptimos, efectivos y permanentes mediante las herramientas y metodologías de la **PROGRAMACIÓN NEUROLINGÜÍSTICA**.

NOS VEMOS EN LOS SIGUIENTES LIBROS DE LA SERIE...
"Principios Básicos para Triunfar y Leyes Preliminares del Éxito"

Si te ha gustado este libro Posicionando Tu MARCA PERSONAL y deseas "contribuir" con tu aporte, para apoyarme a seguir realizando este maravilloso trabajo, que, con todo el cariño, preparado para ustedes. Puedes hacerlo a través del siguiente Enlace

http://bit.ly/PaypalDonación
Gracias por tu Contribución

Es Hora de Comenzar a Vivir
UNA VIDA MARAVILLOSO
Centrada en Principios

Recuerda: **TOMAR ACCIÓN** y
HACER QUE LAS COSAS SUCEDAN

Y pronto Tú y Yo nos veremos en la
CÚSPIDE DE LA EXCELENCIA

Tu Gran Amigo *Ylich Tarazona*

MásterCoach.YlichTarazona@gmail.com
http://www.reingenieriamentalconpnl.com

Como Consolidar y Posicionar Tú PERSONAL BRANDING en un Mercado Competitivo a través del "Love Brand"
Escrito por el **Máster Coach: YLICH TARAZONA**

SOBRE EL AUTOR

BACKGROUND PROFESIONAL:

Coach Transformacional **YLICH TARAZONA**: Reconocido **Escritor, Autor Best-Seller, Orador** y **Conferenciante Internacional** de **Alto Nivel**.

Experto en **PNL** o **PROGRAMACIÓN NEUROLINGÜÍSTICA**, **Reingeniería Cerebral, BioProgramación Mental, Neuro Coaching, Persuasión e Hipnosis.**

Considerado en los distintos medios de comunicación como uno de los **Emprendedores más Destacado** e **Influyente** dentro del campo de la **NEUROCIENCIA MOTIVACIONAL** y **LA EXCELENCIA PERSONAL**; *destinado a ejercer un LEGADO en la vida de miles de personas, a través de su PASIÓN, ENTUSIASMO, DINAMISMO y LIDERAZGO CENTRADO EN PRINCIPIOS.*

*Hombre de **FE** y **Convicciones CRISTIANAS**; centrado en **Principios** y **Valores**.*

Fundador de portal **REINGENIERÍA MENTAL CON PNL ®- Comunidad Virtual para Emprendedores**. Uno de los **Website de Internet** dedicado a brindar **COACHING** en la **CONSOLIDACIÓN de Competencias** y el **Desarrollo del Máximo Potencial Humano**. *Especialistas en el Entrenamiento, Formación y Adiestramiento de alto nivel a través de la Programación Neurolingüística.*

Creador del **SISTEMA DE COACHING PERSONAL** en **REINGENIERÍA CEREBRAL** y **BIOPROGRAMACIÓN MENTAL** para *Alcanzar Metas, Concretar Objetivos* y *Consolidar Resultados Eficaces de Óptimo Desempeño*; a través de una serie de **Audios, Podcasters, Tele-Seminarios Online, Talleres Audio-Visuales, Webminars** y **Conferencias Magistrales de Carácter Presencial.**

Co-Creador y Re-Diseñador del "**MODELO de la PNL**" y la formula efectiva "{(E - S.M.A.R.T - E.R)}" *[Para el **Establecimiento** y **Fijación** de **METAS**, plan de acción y principios de planificación estratégicas para alcanzar y consolidar objetivos].*

Creador del **WEBMINARS** Audio Visual, **TELE-SEMINARIO** Online y **CONFERENCIA** Magistral *[Re-Descubriendo Tú Propósito y Misión de Vida].*

Reconocido "**Autor** de la **Serie de LIBROS, Secuencias de EBOOK'S** y **CONFERENCIAS MAGISTRALES**" de [**REINGENIERÍA CEREBRAL** y **BIOPROGRAMACIÓN MENTAL** ©-®]. *Entre los más destacados tenemos* "***Como Mejora Tu Autoestima***", "***Libérate del Auto-Sabotaje Interno***", "***Rediséñate y Reinventa tu Vida, Posiciona tú Marca personal** o **Personal Branding, Reingeniería de los Procesos del Pensamiento** entre otros.*

Escrito por el **Máster Coach: YLICH TARAZONA**

Autor **Best-Seller** de la serie *[LOS CICLOS MAESTROS DE LA DUPLICACIÓN Y LA MULTIPLICACIÓN en el NETWORKS MARKETING, Leyes y Principios Universales Para Desarrollar Tú Negocio Multinivel de Forma Profesional] Vol. **1**, **2** y **3**.*

Creador del **SISTEMA INTEGRAL DE COACHING PERSONAL** a través de la **PNL** o **PROGRAMACIÓN NEUROLINGÜÍSTICA** para producir cambios positivos en los patrones del pensamiento, y generar resultados eficaces de alto rendimiento y óptimo desempeño, tanto nivel individual como organizacional. *Dicho SISTEMA DE ENTRENAMIENTO **Offline** y **Online** han marcado las vidas de cientos de emprendedores de forma presencial y ha cambiado los paradigmas mentales de miles de personas a nivel mundial vía virtual. Inspirando a quienes participan, escuchan, ven o leen sus enseñanzas; a vivir de forma extraordinaria centrada en principios.*

MISIÓN Y VISIÓN PERSONAL:

MI PROPÓSITO: Transmitir a todos mis lectores fe; y la fortaleza de seguir adelante, siempre con confianza y optimismo pese a las adversidades. **GUIÁNDOLOS COMO SU MENTOR** y **COACH PERSONAL** a encontrar su misión de vida a través de una oportunidad real de crecimiento personal, que les ayude a aclarar sus ideas, establecer sus metas, y elaborar un plan de acción bien definido, que les permita conquistar con éxito sus más anhelados sueños. *Permitiéndoles crear su propio futuro, escribiendo la historia de su propia vida y forjando su propio destino a través un ciclo continuo de tácticas y estrategias creadas para tal fin.*

De igual manera, deseo ayudar a mis lectores, aprendices, participantes y seguidores a cambiar los patrones negativos de pensamientos y las estructuras mentales limitadoras, enseñándoles a consolidar sus competencias y desarrollar el máximo de su potencial humano.

MI MISIÓN: *Llegar a ser un instrumento en las manos de* **DIOS**, *que me permita impactar en las vidas de cientos, miles y millones de personas alrededor del mundo.*

Dejar una huella que marque la diferencia en las vidas de las personas a quienes enseño y llevo mi mensaje. Así como también, dejarles un legado, que transcienda en el tiempo. Y les permita evolucionar en todos los aspectos transcendentales e importantes de sus vidas, tanto en lo personal, espiritual, emocional, así como también profesional, académica y financieramente.

MI VISIÓN: *Llevar a las personas esperanza y una opción que les permita transformar sus vidas para mejor, poder ayudarles a desarrollar esa semilla de grandeza que todos llevan dentro de su interior, y motivarlos a consolidar, posicionar y expandir el máximo de su potencial humano, al siguiente nivel de éxito.*

Y finalmente poder establecer una conexión y empatía con todos mis lectores, participantes y seguidores, que me permita ir escalando en la relación con cada uno de ellos, en la medida que sea posible. Al mismo tiempo, que les enseño a posicionarse y consolidarse en todos los aspectos de su vida de manera equilibrada...

Ayudándoles a **interiorizar los principios correctos** que les permitan **REINVENTARSE, creando una nueva y mejorada versión de sí mismos**. Abriéndoles nuevos caminos, aperturandoles nuevas oportunidades de éxito, que les permita conducir su vida, a reencontrarse a sí mismo, en el camino a la transformación, y la excelencia personal. Y finalmente; retomar con mayor fuerza, su camino hacia su éxito y excelencia personal...

OTRAS PUBLICACIONES, EDICIONES ESPECIALES, MINI CURSOS, E-BOOK´S Y LIBROS CREADOS POR EL AUTOR

Hola que tal, mi gran amigo y amiga **LECTOR**, fue un placer haber compartido contigo este tiempo de lectura, espero hayas disfrutado al máximo de la información contenida en este libro que con tanto cariño prepare para ustedes.

Si deseas conocer algunas otras de mis obras en **Kindle de Amazon** y *CreateSpace* te invito a visitar los siguientes enlaces. Se despide tú gran amigo el Coach **YLICH TARAZONA**

1.- CÓMO MEJORAR TÚ AUTOESTIMA. Aprende a Programar Tú Mente y Enfocar tus Pensamientos para Conquistar todo lo que te Propones en la Vida.
Kindle de Amazon https://www.amazon.com/dp/B071NS4NPH
Tapa Blanda CreateSpace https://www.createspace.com/6763814

2.- LIBÉRATE del AUTO-SABOTAJE. Aprende a Fortalecer Tú Guerrero Interior, Equilibrar tus Canales Energéticos, Controlar tus Emociones y Dirigir tus Pensamientos.
Kindle de Amazon https://www.amazon.com/dp/B0716BWKR1
Tapa Blanda CreateSpace https://www.createspace.com/7120751

3.- REDISÉÑATE Y REINVENTA TU VIDA. El Arte de REDISEÑAR tú Vida, REINVENTARTE, RENACER y Crear una Nueva y Mejorada Versión de ti Mismo.
Kindle de Amazon https://www.amazon.com/dp/B06XKCSTNZ
Tapa Blanda CreateSpace https://www.createspace.com/7195297

4.- REDESCUBRIENDO TÚ PROPÓSITO DE VIDA. Fundamentos para Vivir una Vida Plena, Centrada en Principios y Conectada con Nuestra Visión y Misión.
Kindle de Amazon https://www.amazon.com/dp/B071FFVVM4
Tapa Blanda CreateSpace https://www.createspace.com/7195692

5.- EL PODER DEL DE METAS. Principios de Planificación Estratégica para Alcanzar y Consolidar tus Sueños y Objetivos paso a paso.
Kindle de Amazon https://www.amazon.com/dp/B071SF2QX7
Tapa Blanda CreateSpace https://www.createspace.com/6684686

6.- POSICIONANDO TÚ MARCA PERSONA. Como CONSOLIDAR y POSICIONAR Tú PERSONAL BRANDING en un Mercado Competitivo a través del "Love Brand".
Kindle de Amazon https://www.createspace.com/6799772
Tapa Blanda CreateSpace https://www.createspace.com/6615804

*Como Consolidar y Posicionar Tú PERSONAL BRANDING en un
Mercado Competitivo a través del "Love Brand"*
Escrito por el **Máster Coach: YLICH TARAZONA**

***7.- GUÍA PRÁCTICA DE PNL APLICADA.** Programación Neurolingüística, Metodologías Modernas y Técnicas Efectivas para Cambiar tu Vida*.
 Kindle de Amazon https://www.amazon.com/dp/B072DVXBHR
 Tapa Blanda CreateSpace https://www.createspace.com/7119256

***8.- EL PODER DE LAS METÁFORAS Y EL LENGUAJE FIGURADO.** Historias, Parábolas, Metáforas y Alegorías, Poderosas Herramientas Persuasivas en la Comunicación*.
 Kindle de Amazon https://www.amazon.com/dp/B01ESBD7WY
 Tapa Blanda CreateSpace https://www.createspace.com/6685297

***9.- REINGENIERÍA CEREBRAL Y REDISEÑO DEL PENSAMIENTO.** Aprende a RePrograman Tus Procesos Mentales y Generar una Reinvención Personal*.
 Kindle de Amazon https://www.amazon.com/dp/B0723BVN9G
 Tapa Blanda CreateSpace https://www.createspace.com/6685293

***10-. EL PODER DE LA HIPNOSIS.** Manual Teórico-Práctico de Formación en HIPNOSIS, y el Desarrollo de Habilidades Hipnóticas Persuasivas*.
 Kindle de Amazon https://www.amazon.com/dp/B076G97F14
 Tapa Blanda CreateSpace https://www.createspace.com/7691037

***11-. CURSO DE HIPNOSIS PRÁCTICA.** Como HIPNOTIZAR, a Cualquier Persona, en Cualquier Momento y en Cualquier Lugar*.
 Kindle de Amazon https://www.amazon.com/dp/B076G97F14
 Tapa Blanda CreateSpace https://www.createspace.com/7691037

***12-. HIPNOSIS AL SIGUIENTE NIVEL.** Hipnotismo Avanzado, Autohipnosis, Regresiones y Fenómenos Hipnóticos de Alto Nivel*.
 Kindle de Amazon https://www.amazon.com/dp/B076G97F14
 Tapa Blanda CreateSpace https://www.createspace.com/7691037
 Próximamente...

***13-. EL GRAN LIBRO DE LA HIPNOSIS.** Manual de Hipnotismo para aprender HIPNOTIZAR a Cualquier Persona, en Cualquier Momento y en Cualquier Lugar*.
 Kindle de Amazon https://www.amazon.com/dp/B076G97F14
 Tapa Blanda CreateSpace https://www.createspace.com/7691037
 Próximamente...

***14.- REDES DE MERCADEO MULTINIVEL.** Los Ciclos Maestros de la Duplicación y la Multiplicación en el Network Marketing*.
 Kindle de Amazon https://www.amazon.com/dp/B01IZTHD0M
 Tapa Blanda CreateSpace https://www.createspace.com/6614144

15.- CUADERNO DE PLANIFICACIÓN EMPRESARIAL. *Plan de Acción Mensual Para Desarrollar Exitosamente Tú Negocio Multinivel de Forma Profesional.*
Kindle de Amazon https://www.amazon.com/dp/B01J1JEVHI
Tapa Blanda CreateSpace https://www.createspace.com/6612779

16.- NETWORK MARKETING AL SIGUIENTE NIVEL. *Principios Universales Para Desarrollar Exitosamente Tú Proyecto Multinivel de Forma Profesional.*
Kindle de Amazon https://www.amazon.com/dp/B01MFDJNT9
Tapa Blanda CreateSpace https://www.createspace.com/6619923

17.- NETWORK MARKETING MULTINIVEL. *Redes de Mercadeo, La Gran Oportunidad de Negocio del Siglo XXI, Rumbo a tu Libertad Financiera.*
Kindle de Amazon https://www.amazon.com/dp/B01M5H4CG2
Tapa Blanda CreateSpace https://www.createspace.com/6669735

18. PALABRAS INSPIRADORAS Y FRASES CÉLEBRES. *Colección con más de 800 Pensamientos y Citas Motivadoras de los Líderes Más Grandes de la Historia.*
Kindle de Amazon https://www.amazon.com/dp/B01J4MGSU0
Tapa Blanda CreateSpace https://www.createspace.com/6615169

19.- PNL APLICADA A LA COMUNICACIÓN. *Patrones de Persuasión, Hipnosis Conversacional y Oratoria Hipnótica, el Arte de Persuadir, e Influir Positivamente en los Demás.*
Kindle de Amazon https://www.amazon.com/dp/B01MXT273E
Tapa Blanda CreateSpace https://www.createspace.com/6762851
Próximamente...

20.- EL ARTE DEL COACHING CON PNL. *Conocimientos, Habilidades, Técnicas, Practicas y Estrategias de Coaching para Lograr Objetivos y Alcanzar lo que te Propones en la Viva.*
Kindle de Amazon https://www.amazon.com/dp/B01N1N49V8
Tapa Blanda CreateSpace https://www.createspace.com/6762787
Próximamente...

21.- REINGENIERÍA CEREBRAL y PROGRAMACIÓN MENTAL. *Un Salto Cuántico para la Evolución del SER - La Nueva Era del Pensamiento y El Despertar de la Consciencia.*
Kindle de Amazon https://www.amazon.com/dp/B01EQML2U4
Tapa Blanda CreateSpace https://tsw.createspace.com/6685305
Próximamente...

Escrito por el **Máster Coach: YLICH TARAZONA**

22.- *LEYES Y PRINCIPIOS UNIVERSALES DEL ÉXITO*. *Principios Bíblicos para Triunfar y Vivir en Abundancia Conforme a la Manera del Señor*.

Kindle de Amazon https://www.amazon.com/dp/B01MQQWLGT
Tapa Blanda CreateSpace https://www.createspace.com/6762826
Próximamente...

Para adquirir otras **OPCIONES DE PRESENTACIÓN** y adquirí los **LIBROS** en versiones **TAPA BLANDA ESTÁNDAR** o **PREMIUM, TAPA DURA PROFESIONAL CON** o **SIN SOLAPA, CON** o **SIN CONTRAPORTADA**, en diferentes calidades de impresiones *(Blanco y Negro, Full Color, Hoja Ahuesada Premium)* en **Tamaño Bolsillo, Impresión Americana** o **Espiral**...

Puedes hacerlos a través mis otros **Portales OFICIALES**.

http://www.lulu.com/spotlight/Coach_YlichTarazona
http://www.autoreseditores.com/coach.ylich.tarazona

El aprendizaje constante, la formación continua y el estudio permanente son las claves entre los que logramos el éxito, de aquellos que no lo logran. **- Ylich Tarazona. -**

PUBLICACIONES, EDICIONES, LIBROS, E-BOOK Y REPORTES ESPECIALES CREADOS POR EL AUTOR

*Como Consolidar y Posicionar Tú PERSONAL BRANDING en un
Mercado Competitivo a través del "Love Brand"*
Escrito por el **Máster Coach: YLICH TARAZONA**

OTRAS PUBLICACIONES, EDICIONES, LIBROS, E-BOOK Y REPORTES ESPECIALES CREADOS POR EL AUTOR

CONTINUACIÓN DE LA SERIE

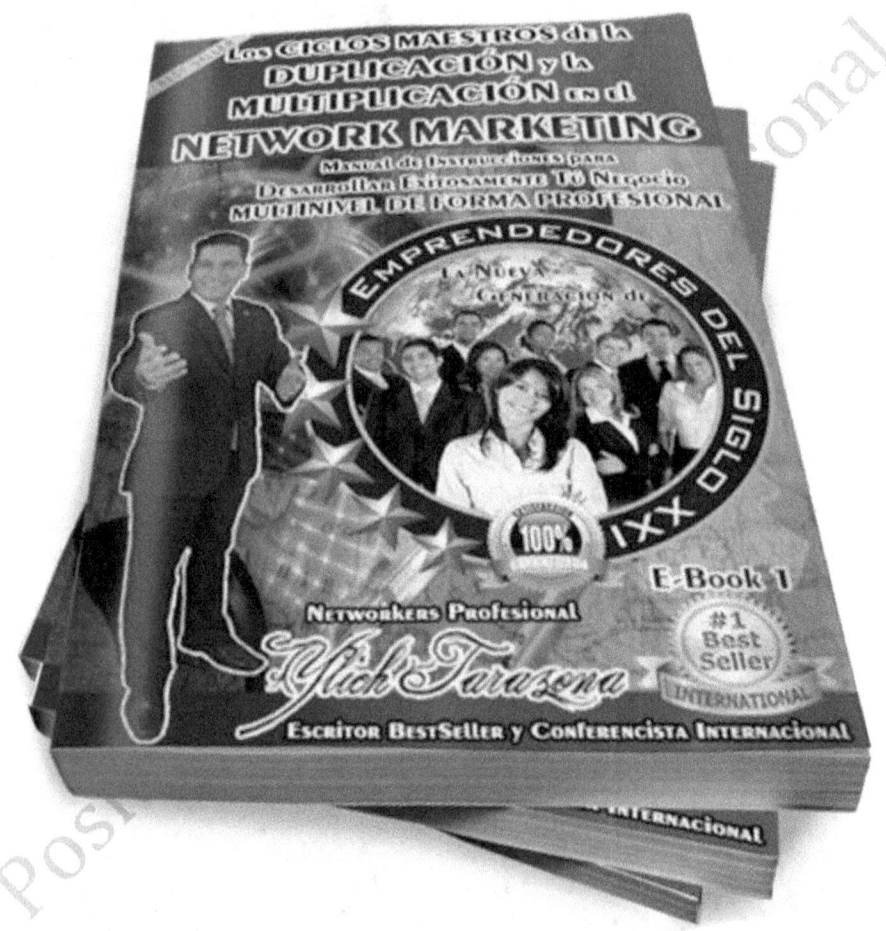

POSICIONANDO TÚ MARCA PERSONAL
Escrito por el **Máster Coach: YLICH TARAZONA**

TALLERES, CONFERENCIAS, SEMINARIOS, MINI CURSOS CREADOS POR EL AUTOR

Como Consolidar y Posicionar Tú PERSONAL BRANDING en un Mercado Competitivo a través del "Love Brand"
Escrito por el **Máster Coach: YLICH TARAZONA**

AUDIOLIBROS, PODCASTERS, WEBMINARS, Y VIDEOS CREADOS POR EL AUTOR

SÍGUENOS A TRAVÉS DE TODAS NUESTRAS REDES SOCIALES (SOCIAL MEDIA Y WEBSITE OFICIAL)

Facebook, Twitter, YouTube, Google +, BlogSpot, Instagram, Pinterest, SlideShare, Speaker, LinkedIn, Skype y Gmail

https://www.amazon.com/Ylich-Eduard-Tarazona-Gil/e/B01INP4SU6
http://www.reingenieriamentalconpnl.com/
http://www.coachylichtarazona.com/

http://www.lulu.com/spotlight/Coach_YlichTarazona

http://www.autoreseditores.com/coach.ylich.tarazona

https://www.facebook.com/coachmaster.ylichtarazona

https://www.youtube.com/user/coachylichtarazona

https://plus.google.com/+ylichtarazona/posts

http://www.spreaker.com/user/ylich_tarazona

http://instagram.com/coach_ylich_tarazona/

https://www.pinterest.com/ylich_tarazona/

https://www.linkedin.com/in/ylichtarazona

http://es.slideshare.net/ylichtarazona

https://twitter.com/ylichtarazona

También puede contactarse directamente con el **AUTOR** vía e-mail por:
MasterCoach.YlichTarazona@gmail.com

Skype: Coaching_Empresarial

Como Consolidar y Posicionar Tú PERSONAL BRANDING en un Mercado Competitivo a través del "Love Brand"
Escrito por el **Máster Coach: YLICH TARAZONA**

3ª Edición Especial Revisada y Actualizada por: **Ylich Tarazona** *octubre 2017.*
Diseño y Elaboración de Portada por: **Ylich Tarazona**

ISBN-13: 978-1979852111 *(CreateSpace-Assigned)*
ISBN-10: 1979852111 *(CreateSpace-Assigned)*
SELLO: Independently Published ©

BISAC: Marca Personal / Personal Branding / Love Brand / Emprendimiento
El derecho de **YLICH TARAZONA** a ser identificado como el **AUTOR** de este trabajo ha sido afirmado por *SafeCreative.org, Código de Registro:* **1711184869510**, de conformidad con los **Derechos De Autor En Todo El Mundo**. *Fecha: 17 de Noviembre 2017.*

www.ingramcontent.com/pod-product-compliance
Lightning Source LLC
Chambersburg PA
CBHW050023230526
45470CB00003B/1102